绘画基础

"新标准"学前教育专业系列教材

主　编　钟海宏
副主编　张玉玲　王　锋

华东师范大学出版社
上海

图书在版编目(CIP)数据

绘画基础/钟海宏主编. —上海：华东师范大学出版社，
2015.6
ISBN 978 - 7 - 5675 - 3742 - 2

Ⅰ.①绘… Ⅱ.①钟… Ⅲ.①学前教育-图画课-中
等专业学校-教材 Ⅳ.①G613.6

中国版本图书馆 CIP 数据核字(2015)第 136528 号

绘画基础

"新标准"学前教育专业系列教材

主　　编　钟海宏
责任编辑　蒋梦婷
装帧设计　徐颖超

出版发行　华东师范大学出版社
社　　址　上海市中山北路 3663 号　邮编 200062
网　　址　www.ecnupress.com.cn
电　　话　021 - 60821666　行政传真 021 - 62572105
客服电话　021 - 62865537　门市(邮购)电话 021 - 62869887
地　　址　上海市中山北路 3663 号华东师范大学校内先锋路口
网　　店　http://hdsdcbs.tmall.com

印 刷 者　上海昌条印刷有限公司
开　　本　890×1240　16 开
印　　张　8.75
字　　数　185 千字
版　　次　2015 年 8 月第 1 版
印　　次　2021 年 7 月第 9 次
书　　号　ISBN　978 - 7 - 5675 - 3742 - 2/G·8405
定　　价　26.00 元

出 版 人　王　焰

本书是学前教育专业的教学用书。

本书深入浅出地讲解了绘画专业基础知识，便于读者用轻松简单的方法，掌握绘画基础的重点和技巧。书中提供了丰富精彩的图例示范、清晰透彻的画法与步骤、适量的作业提示等，针对性强，便于临摹。即使没有美术基础的读者，也可以在学习后逐步掌握绘画的技巧。

为了便于教学，本书设计了以下栏目：

作画步骤：逐步展示各类作品的创作过程。

教学图例：针对单元主题，提供优秀的作品，以供欣赏和临摹。

动手画：巩固各单元所学作画方法。

编　者
2015 年 8 月

本书深入浅出地讲解了绘画专业基础知识,便于读者用轻松简单的方法,掌握绘画基础的重点和技巧。每一单元都有详细的内容讲解、重点解读和目标要求,为读者进一步学习手绘打下良好的基础。书中也为读者提供了丰富精彩的图例示范、清晰透彻的画法与步骤、适量的作业提示等,针对性强,便于临摹。相信即使没有美术基础的读者,也可以在学习后逐步掌握绘画的技巧。

本书分别由大连女子职业中专张玉玲老师、四川省孝泉师范学校王锋老师、上海市大众工业学校杜天一老师、上海市新陆职业技术学校魏政昊老师、上海行健职业学院钟海宏老师精心纂写,分为十一个单元,分别涉及美术基础、素描、钢笔线描和明暗技法、卡通画、造型设计、色彩、水粉画景物写生、装饰色彩、色彩肌理运用、国画、趣味美术字的入门知识。

本书实用性强,不仅结合了先进的教育理念,编排科学合理,而且内容丰富精彩,绘画形象活泼可爱,步骤讲解明晰,融趣味性和教育性于一体,可以作为学龄前儿童、学前专业学生、幼儿园教师、家长,以及热爱绘画的读者的参考辅导书。

最后感谢学前教育同行胡艳琦、沈青霞、王嘉欢、伍冰洁、吴嘉奕、王婧贤、赵思佳、孙丽、周陈洁、孙阳洋、严晓庆、顾蓓华、戴季岑、王秋文、徐蕾、张昕悦、林振华提供部分作品。感谢四川省宜宾市职业技术学校向庆平、周凌岚老师的参与。

希望大家翻开这本《绘画基础》的时候可以体会到其中的乐趣,爱不释手!

编 者
2015 年 8 月

MULU 目录

学习目标

　　通过对美术基础知识的学习,特别是构图、透视的概念、原理和法则的学习,结合名画与范例,理解并掌握构图技巧、透视规律,以及构图和透视在美术作品中的作用和意义,能运用构图技巧和透视法来完成石膏几何体、静物、风景的写生与临摹。

第一单元

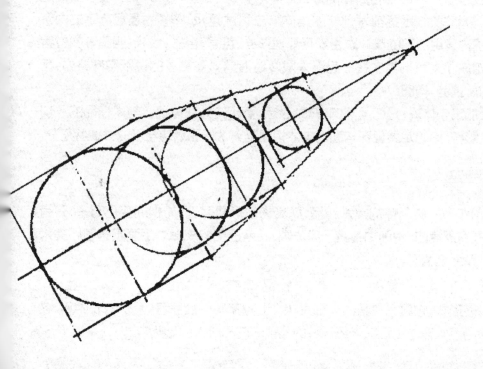

美术基础

美术是具体的历史现象，不同的历史时期有不同的面貌特征。美术又是一个不断变化着的文化形态，不同地区、不同民族、不同宗教信仰的不同群体都有不同的美术形态呈现。本书主要介绍绘画基础，所以第一单元着重阐述绘画中的两个必用知识点——构图与透视。掌握了这两点能使我们今后无论在写生、临摹，还是创作各式绘画作品方面都受益匪浅。

第一节 构 图

组织结构是美术作品的内部形式，其被称为构图，又称布局、章法等，是美术作品内容体现在画面的第一步。它探索作品的整体结构，把画中的各个部分有机地组织起来，共同表现内容。

一、构图的含义

"构图"可作名词也可作动词。作名词时指作品的具体形式，即作品所反映的对象或符号对空间占有的状况。因此，构图理应包括一切二维和三维的造型。本教材主要是以绘画为主，故以二维造型为主要分析对象。"构图"做动词时，是指美术创作的具体方法和过程，即作者为表现选定的内容和创作意图，在一定空间范围内运用自己的设计思路安排处理形象、符号、色彩、线条、明暗等的位置布局及其相互关系，将各个组成元素有机组合在一起最大限度地形成对观赏者的说服和感染力，这样的一个阶段工作就是我们所谓的"构图"。

构图是美术作品形式美的集中体现，是艺术家的思想、心态、情绪的外在体现。美术作品的一切形式因素，如：造型、线条、色彩等，都必定展现在构图之中。构图是美术作品成功与否的关键所在。

二、构图的主要形式

古往今来，无数艺术家创作了形形色色的美术作品，就其构图形式而论，如棋局变化万千，只有近似，绝无雷同。但事物总是有规律的，构图也有其一般法则，就是已知的规律。下面粗略回顾美术史上几种主要的构图形式以及发展情况。

1. 画面无主次之分，形象完整并列，近似剪影的构图

这是人类最早使用的构图形式，它具有较强的装饰意味，如：拉斯科洞窟壁画《受伤的野牛》。这种罗列并置的构图形式至今仍然大量地出现在未经训练的儿童涂鸦和成人的绘画中。

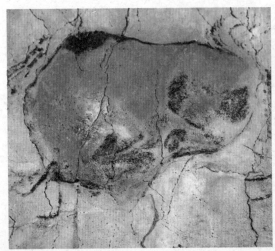

2. 平衡对称的，有明确主体的，正三角形和十字形构图

这种构图形式使画面有了前后重叠穿插关系，追求主体突出，保持形象完整。但也有明显缺陷，做作、生硬、虚假、严肃过头、过分统一、缺少变化，造成画面死板，活力不够的特点。如：拉斐尔的《西斯廷圣母》。

3. 具有动势的对角线形和 s 形的构图

第一、二种构图形式都稳定有余而动势不足，而对角线等几种形式的构图则是对稳定、对称的反叛，有些题材，比如反映战争场面、运动场面，要表现出动荡、紧张的气氛，我们多采用以下几种构成形式。

（1）对角线构图

法国画家勃鲁盖尔的《盲人》就是对角线式的构图。运用具有动感的对角线形式来构图，这种形式又被称为样式主义或风格主义。

（2）s 形构图

它使人联想到蛇行运动，宛然盘旋往复、头尾呼应、优美流畅，如：鲁本斯的《卸下圣体》。中国传统书画特别讲究气韵取势，所以国画中大多运用这种构图形式，如：李可染的山水图。

4. 传统的中国画构图

中国画形式独特,在流派众多的世界美术中自成体系。特殊的构图形式、特殊的处理画面空间的手法则是其中重要的因素。中国画传统的构图形式与西画不同之处在于:一是在构图中反对把物象归纳成简单的几何图形。中国画传统的形式特别注重生动流畅的"之"字形、曲线形等构架。构图中重动感,讲取"势"、"争让"、"开合",即使是相对静止的山水,在表现时也要让它活起来,具有运动的倾向性。二是不拘泥于西方科学的透视学原理以同一视点为准的焦点透视来构图。可随意移动视点,采取整体鸟瞰式,而局部可以平视、仰视等形式。主要利用形体前后错落、重叠、穿插、疏密和虚实的对比等手法,在平面上创造出前后左右不同远近的多层次空间关系。中国传统山水画的构图法则有"分疆三叠"——构图时分地面、树木和山峦三层重叠,"以大观小"、"三远法"——"高远"、"平远"、"深远"等,是中国传统构图规律的总结,如:黄公望山水作品。

三、构图的一般法则

构图的基本原理就是变化和统一,它是指形式中包含既变化又统一的不可分割的两个方面。变化和统一是相对的概念,并无统一的标准,根据作者的观念和创作意图而定,变化统一的运用与形式的节奏、秩序和整体的绘画语言紧密相关,共同形成作品表现力以及作品的意味和格调,而作品表现力有强弱之分,格调有高低优劣之分,如:三个苹果的例子。

关于构图的法则就很多,各家所言,不尽相同。但原则和要求,感觉和意味,则有不少是一致的。无论古今,无论流派,对构图的基本要求不外乎一条:形式新颖,结构完美。怎样达到构图既新颖又美的要求,才是艺术家们苦心经营、反复推敲之所在。

1. 对称与均衡

均衡是构图的主要手法之一。对称与均衡都是构图主要手法,但绝对对称在自然界中几乎不存在,而且运用较少,这里主要讲解均衡。

构图中的均衡包括两种主要的均衡形式:对称式均衡和非对称均衡。非对称均衡是美术中大量运用的一种均衡形式,它具有无限的灵活多变的可能,是指构图中左右两边、上下两边物象不完全相同,在画中所占面积大小的差异也可能很悬殊等等,这是主观感觉的画面力的分布均衡的形式。

2. 节奏与韵律

韵律本是音乐中指旋律和音响的轻重缓急、强弱快慢的序列,被艺术广泛借用。在构图中,特指画面的形和色以及内容情感等有铺垫、有递增的起伏感,而被视觉所感知的形式。

凡是对比不同的排列,都可以形成节奏。绘画构图中的节奏泛指各种造型因素——线、形状、黑白、色彩等对比关系的变化序列。诸如形状面积的大小、方圆,线条的长短、曲直、疏密,明度的深浅、浓淡、虚实,乃至笔触的柔刚、动静,画面气韵的顺逆等等,都可以形成节奏。只要具备一定绘画基本功,不管是否在构图中有意追求节奏,节奏自然会在构图中出现。

3. 对比与调和

对比是一切艺术门类中体现美感的最有效的艺术手段。无论客观事物,还是美术中的形象、符号,处处都存在着差别,有差别就有对比,若是没有对比,就不能为视觉所感知。美术中运用的对比,包括点、线、面、形、色和明暗等在长短、高低、曲直、软硬、大小、冷暖、深浅、强弱等各方面的对比。强烈的对比最为醒目,使观众印象鲜明,较弱的对比可作为次要的对比,或作为对主要对比的呼应,或作为对画面高潮的铺垫、过渡。当然一件作品中也不可能只存在对比而无调和,调和就是统一的和谐,对比过大过强会引起视觉疲劳,使画面色感脆弱,没有韧度。

四、结构图例

这三幅图主要是示范如何构图。第一幅是不规则的四边形构图,第二幅是不规则的三角形构图,而第三幅是不规则的直线式构图。三种构图方式各有优势,在画面的色彩、质感、大小、亮度、距离的选择上均有对比而突显出层次。第一种有重心平衡不对称之美,第二种有画面对称和谐之美,第三种有构成简洁明了严肃之美。

第二节　透　视

一、透视的定义

透视是绘画法理论术语,源于拉丁文"perspclre"(看透)。最初研究透视是采取通过一块透明的平面去看景物的方法,将所见景物准确描画在这块平面上,即成该景物的透视图。后遂将在平面画幅上根据一定原理,用线条来显示物体的空间位置、轮廓和投影的科学称为透视学。透视现象其实就是人眼通过空气折射、聚焦等特殊情况来观看物象时,在头脑里形成的对自然物的一种视觉误差现象,简言之,透视现象就是一种视觉误差。常用的透视术语有以下几点:

① 视点:即画者眼睛的位置。

② 视线:目光投射的直线,是视点与视觉中物体之间的连线。

③ 心点:是视域的中心,也就是画者眼睛正对视平线上的点。

④ 视平线:将心点延长的水平线,随眼睛的高低而变化。

⑤ 消失点:物体由近及远产生透视变化,集中消失于一点。

二、透视的基本规律

透视的基本规律包括近大远小、近长远短、近实远虚、近疏远密等。

霍贝玛的《林阴路》集合了四点规律在绘画中的体现。

三、西洋绘画中焦点透视的常用类别

简单地说,西方绘画一般是采用"焦点透视",它就像照相一样,观察者固定在一个立足点上,把能摄入镜头的物象如实地照下来,因为受空间的限制,视域以外的东西就不能摄入了。下面就常用的焦点透视作简单介绍。

1. 平行透视

平行透视也就是我们平常所说的一点透视,指客观物象(立方体)其中一面与画面平行,底面与地平面平行,视平线上有一个中心消失点的透视现象。其基本原理是视平线上只有一个消失点。

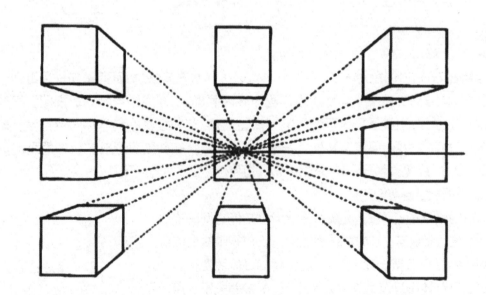

2. 成角透视

成角透视又叫两点透视,指客观物象(立方体)任何一面都不与画面平行,但底面与地平面平行,视平线上有两个消失点的透视现象。其基本原理是视平线上有左右两个消失点。

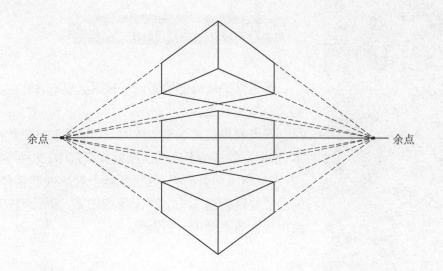

3. 圆形透视

它是指客观物象(圆形切面)在视平线上下或视中线左右所产生的透视现象。其基本原理是圆形切面与视平线平行重叠时成一水平线,远离视平线越上或越下则呈现的椭圆形越倾向于圆;圆形切面与视中线平行重叠时成一垂直线,远离视中线越左或越右则其呈现的椭圆形越倾向于圆。把圆形切入未经透视变形的正方形范围,根据正方形的透视变化才能较好地画出圆的透视图,圆形透视图呈各种状态的椭圆形。

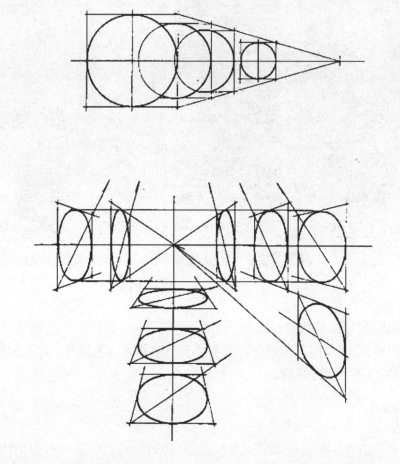

为了说明圆形的透视,特别要强调椭圆的长轴。所谓长轴就是圆形经透视变化形成的椭圆形的最长直径(最短直径为短轴)。

四、不同视角的视觉效果

1. 仰视

仰视就是视点的位置低于视平线观察物体时所呈现的客观物体的视觉状态。

在低视角位置观察物体时，表现对象的视觉特征往往被夸大，会出现强烈的形式感。在结构素描中，此种视角经常会被用到，尤其是画建筑物和街景时，低于视平线的视角，往往能很好地凸显建筑的高大和比较理想的效果，这一点我们可以从很多建筑设计效果图中一见端倪。

2. 俯视

俯视就是视点的位置远远高于视平线观察物体时所呈现的客观物体的视觉状态。与仰视相比较，俯视则是在较高的视角观察对象。由于视角高高在上，物体在这种视角下会变得比较矮小，而不能很好地反映出它们的本质特性。从情感上说俯视往往会产生居高临下的感觉。

3. 平视

平视就是视点的位置与被观察物体处在一个相对平行的位置时所呈现客观物体的视觉状态。前面我们讲过的平行透视、成角透视都是在平视状态下观察物体时的结果。平视时的视中线与画面垂直，一般被观察的物体不会发生形变。

五、透视图例

这三幅图主要是示范透视在绘画中的体现。前两幅都是平行透视，一个是室内一个是户外，只要掌握消失点与心点的关系，借助尺子就能够快速画出该类图形；而第三幅则是成角透视，成角透视的两个消失点又叫余点，通过视平线和左右余点的关系来画成角透视。作画时不管是两者中的哪一种透视，所有原本竖向垂直于地面的线条方向都不变，只会有长短变化，而原本水平方向或横向的线条在平行透视中方向不变,在成角透视中就会有方向变化,甚至相交。

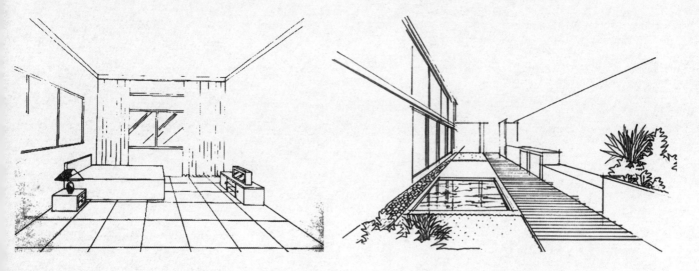

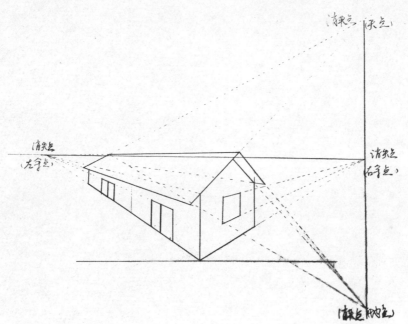

动手画

内容:

1. 运用4开纸张画出不同的静物小构图若干幅。

2. 运用4开纸张画出楼房以及周围公路、路灯的成角透视图。

要求:

1. 按照不同的构图形式自行摆放各种造型的静物,用铅笔练习各种形式的构图。

2. 借助尺子画透视图,必须弄清透视规律,并画出石膏几何体的成角透视效果。

学习目标

1. 建立素描的完整概念,明确素描学习的方法、步骤和要求,通过训练基本技法提高素描造型能力。
2. 运用正确方法表现形体结构,掌握有序的作画步骤。
3. 通过比较,了解辅助线与结构比例的关系,感受线条的表现力以及不同角度的明暗变化。
4. 强化课后训练,巩固课堂知识点,做到熟能生巧。
5. 通过学习基础的美术知识,提高审美水平,培养多角度的思维方式。

第二单元

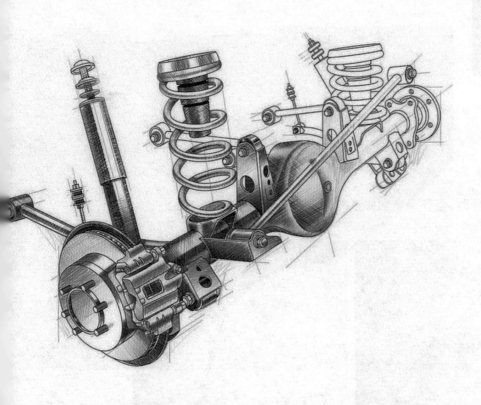

素描入门

第一节　素描基础训练和工具

一、画板的执法

身体坐正,腿分开平放,将画板放在腿的中部,左手伸直握住画板的左上方,形成平稳的三个支撑点。

二、铅笔握法

1. 直握

平放画板或画实线及细部时,可像写字那样直握笔,快速平行地画。

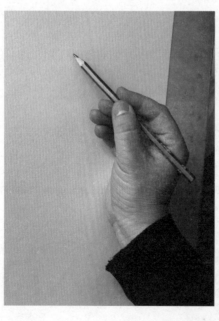 

2. 横握

画实线或细部时,手握笔的前端,快速平行画。

三、线的画法

正确排线是两端轻、中间重的线条，方向一致，疏密均匀，能变化排线方向，一层层加深，并且容易衔接，在整个画的过程中容易把握整体效果。注意不能画带钩的线。

四、素描工具

铅笔、橡皮、素描纸、美工刀。

第二节　明暗素描

明暗是客观物象受光照射所呈现的光影变化。物体受光后所产生的明暗是结构素描的进一步深入。这种素描的特点是以在线条为主要表现手段的基础上，施以明暗，有光影的变化，强调突出物像的光照效果，使受光面成为明面，背光面成为暗面。

一、物体的明暗规律

1. 三大面

仔细观察物体的明暗，可以发现一个立体物基本能形成亮面、灰面和暗面。

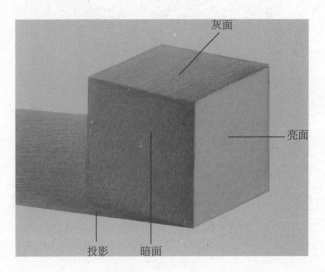

2. 明暗五调子

① 亮调,正对光源的面。

② 灰调,斜对光源的面。

③ 明暗交界线,与光源平行的面。

④ 暗调,背对光源的面。

⑤ 反光,背对光源并正对环境反射光的面。

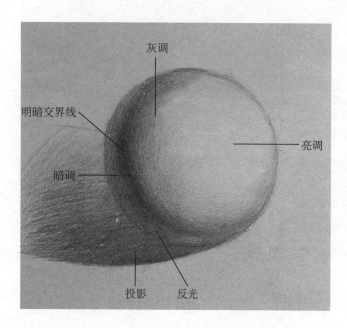

明暗交界线在光线和形体相切的位置上,不受光源和很少受周围环境光影响,因此在五调子中色调最重,作为明暗的分界线,是掌握明暗关系的关键。

二、几何体(单体)

1. 立方体作画步骤

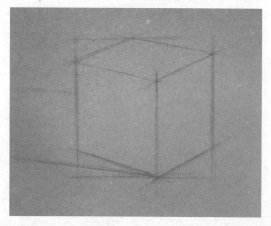

① 用铅笔将每条边的比例定好。

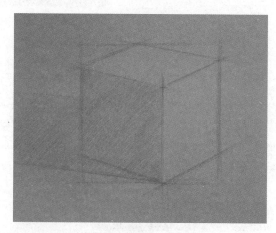

② 确定明暗,先将暗面打上阴影。

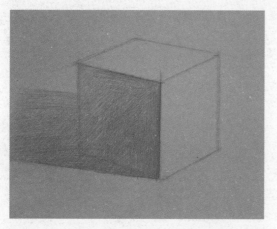

③ 将暗面的明暗强度画出,并画出明暗交界线。

④ 加深暗面与几何体的倒影。

⑤ 整体调整,协调明暗过渡。

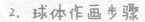

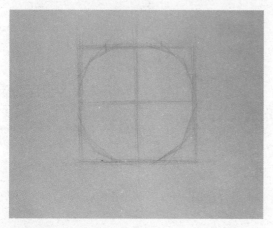

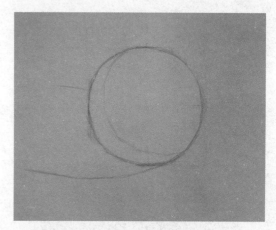

① 先画正方形,在各边中点用十字线定位,画出圆形。

② 修饰图形,并画出倒影与明暗交界线。

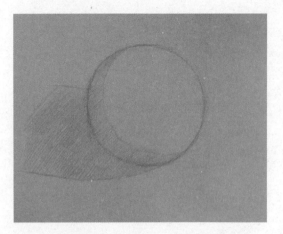

③ 在暗面上画出倒影。

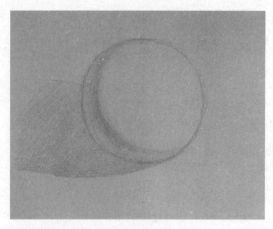

④ 在暗面上画出明暗交界线。

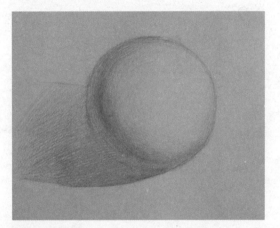

⑤ 加深暗面。

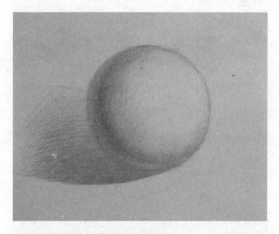

⑥ 调整球体的暗面与过渡。

3. 教学图例

这是一个简单的三角几何体,它体现了明暗素描的基本特征,层次分明。

这是圆柱截面的几何体,通过光的投射,圆柱体的明暗分层。

三、静物

1. 梨作画步骤

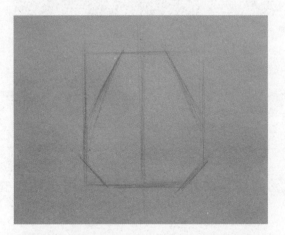

① 先画长方形,在上方三分之二处截三角形,下方截成梯形。

② 画出梨的基本图形与梨的柄,再画出明暗交界线与阴影。

③ 用较细的排线为暗面打上阴影。

④ 用较粗的斜线加深阴影。

⑤ 用短线完善细节和明暗过渡效果。

⑥ 调整后完成。

2. 苹果作画步骤

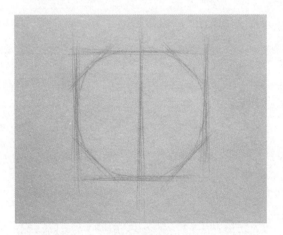

① 画出正方形,再画出中线,截去四个角。

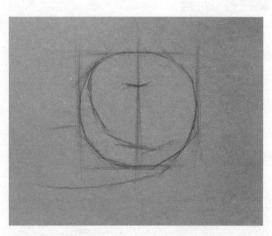

② 调整苹果外形,画上柄的凹槽与明暗交界线。

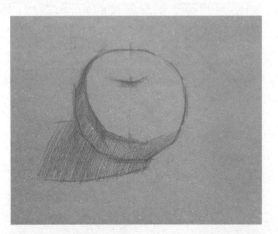

③ 用较细的排线将苹果背光面和阴影处打灰。

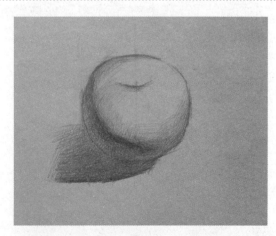

④ 加强过渡明暗交界线,使暗面柔和有层次感。

⑤ 画上苹果柄,用短斜线加深背光面最暗处。

⑥ 调整整体明暗。

3. 教学图例

此图通过素描笔触的描绘将番茄的外形很好地体现了出来,再通过明暗的分界,使番茄的弧度明显。

这幅图笔触细腻,明暗过渡处理得非常自然,很好地表现出了白菜梗和叶的不同质感。

四、组合静物

1. 陶罐与梨作画步骤

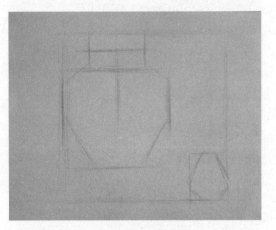

① 划分好组合中各物体的定位,并画出基本几何图形,表现物体大致形状。

② 修饰完善基本几何图形的定位,画出物体的大致轮廓线。

③ 逐一明确物体明暗交界线,画出投影的大致轮廓。

④ 从最暗的部分开始,在整体画面的背光处用较细的排线打灰。

⑤ 用较粗的斜线进一步加深阴影最暗处,增强背光面的层次感。

⑥ 用细线完善画面细节,进一步强调物体的明暗过渡效果。

⑦ 调整后完成作品。

2. 陶罐、苹果、梨作画步骤

① 先将物体定位,确定大小及位置前后关系。

② 画出物体轮廓线,逐一明确明暗分界线。

③ 整体画面上的暗处统一用较细的排线打灰。

④ 用较深的斜线打深阴影,画出背光面的深浅过渡效果。

⑤ 进一步加深物体背光面最暗处,强调出受光面与背光面间明暗过渡效果。

⑥ 用短细线完善细节,使物体形象更为立体。

3. 教学图例

　　这幅图很好地表现了锅子与苹果的尺寸与位置,通过线条的排列生动体现了锅子的金属光泽。

　　这组静物有明显的明暗对比,并且形象生动,酒壶的光泽与白菜的外形分明。

动手画

内容：

1. 简单线条练习，掌握不同握笔方法的技巧和相应力度。

2. 通过不同排线方向表现疏密一致的面，锻炼构图的完整感以及手眼协调能力。

3. 学会运用辅助线，把握物体的形、比例、结构，初步定型正方体。

4. 在已经定型好正方体的基础上，运用 2B、4B 的铅笔在不同光面上用排线的方式正确画出明暗过渡。

5. 反复练习明暗规律的操作，明暗交界线表现清晰，能分析多面的结构并学会表现出形体的立体感。

要求：

1. 运用正确的方法表现形体的结构，学会运用辅助线，把握物体的形、比例、结构。

2. 通过线条的轻重、浓淡、粗细、虚实来表现物体的空间感。

3. 用比例和透视分析、表现几何体结构，把注意力集中在对几何体空间构造的把握上。

4. 学会动笔前的观察，作画中有效地观察，掌握整体在作画过程中的运用，并能正确把握画面整体表现的效果。

5. 正确分析圆球体、正方体的明暗层次及变化，用明暗规律塑造几何体。

6. 通过立方体的练习举一反三，掌握所有物体的明暗规律。

第三节　结构素描

一、结构素描的概念及其特点

1. 基本概念

结构指物体的构造组合方式。结构素描是素描表现形式中的一种特别表现方法，它要求在表现过程中，深入地认识、理解对象，发掘表现对象的内外结构特征、空间存在的科学形态，理性地表达对象、塑造客观对象。其目的在于研究、表现客观对象的结构，手法上多用线性语言元素刻画客观对象的穿插、构成关系，尽可能地依据客观对象的透视关系，减少或排除光影因素，从而达到表现对象自身的结构的目的。结构造型的重点在于训练我们对物体外部以及内部各轮廓关系的把握，它包含点、线、面、体所形成的结构关系、透视关系、比例关系、空间关系等。

2. 构成元素——点、线、面与体之间的关系

① 点：在结构造型中，点的作用是最基础又非常重要的。点只有位置而无大小、长短、面积和形状，但它既能代表多个面的转折，又是结构的交点。点的位置准确与否关系到形与结构的正确与否。

② 线：在几何形中，线是点移动的轨迹，有长度、位置而没有宽度。结构素描中，线是最活跃、最富变化、最具个性的构成元素，其种类繁多，作为造型元素表现力极强，是不可缺少的造型元素。

③ 面：几何学中面是"线移动的轨迹"。面是有长度、宽度的二维空间。面的变化和组合可形成体。

④ 体：面与面的组合就形成了我们最终所要研究的体，也就是前面所讲的空间。空间是靠长、宽、高、深来体现的。不同的块面，通过透视现象，以不同形态呈现出来构成三维的空间，这正是我们研究结构素描的意图所在。

二、表现对象内、外结构及切面分析

几何形体的结构在自然界万物中属于比较简单的结构，形象也较单纯、简洁、明了、规则，是对自然界形态的精辟概括，具有以下明显特征：

1. 几何形体结构的典型性和普遍性

几何形体大概可以分为立方体、圆球体、锥体、柱体等。

几何形体的构成可以想象成由平面到立体的渐进过程。六个大小相同、方向不同的面组成一个正立方体，从立方体的基本尺寸入手，将长方体组合起来就可以画出对象的不同位置。圆柱体的结构总是与棱柱体有关，先画好两个立方体，有了这两个空间位置适当的形体，再镶入具有正确缩形的圆(也就是顶面和底面的内切圆)，就相当简单了。经过透视缩形的圆总是呈椭圆形，长轴垂直于圆柱体中的中轴线，纵轴和横轴与立方体各边中点相连。我们在分析几何形体结构时，可以添加一些辅助点、线、面，如：中心线、对角线、切面线等。

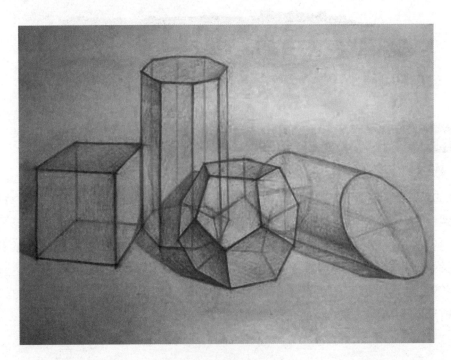

2. 形体结构构造关系分析

① 单一形态的结构分析。主要是对形体结构作剖析研究,多用于构造比较简单的几何形体。

② 多个形态的结构分析。当空间的形态超过两个以上,就会形成较为复杂的空间结构关系。在分析、理解和表现结构关系的过程中,必须注意以下两个方面:

第一,由于现实物象具有立体的三维空间特性,除了对物象的表面因素进行分析与表现外,还必须对结构性关系有足够的认识和理解。

第二,重视结构因素的表现,强化对形的传达。通过对物象的形态构造、形体与空间等结构因素的着力表现,有助于我们对物体造型的充分表达,这也是结构素描的真实意义所在。

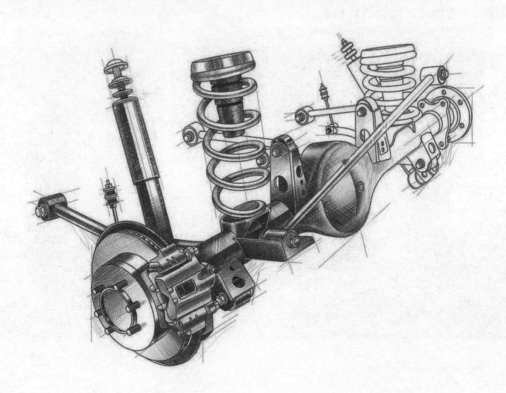

三、结构素描的表现方法

1. 重线条弃光影

结构造型重视线条的表现与塑造,通过线条对物体进行比例、透视、结构与空间的处理,目的就是为了更好地表现正空间与负空间的构成关系。

(1) 粗线与细线

粗线适合表现形态的整体感与力量感,用于表现与视觉距离较近或者转折结构明确、肯定的物体;细线适合表现形态的韵律和曲线美,用于表现与视觉距离较远或者转折结构不明确、不肯定的物体。

(2) 实线与虚线

准确、规则的实线适合表现物体重要的精密结构形态和丰富的形态细节;不规则、粗糙的虚线适合表现具有运动感的形态或体现一种与主线呼应的、生动的随意性。

(3) 单线与复线

单线可以使形态更加平面化和装饰化,复线则可以加强形态的厚重感并体现自然韵味。

2. 重构造弃色调

根据日常观察习惯和经验,我们对自然的认识大多先从色彩和外形上出发而忽视物体实质性构造特点。然而结构造型的表现是放弃所有形态的色彩与明暗关系,对物体内部的结构与空间关系详尽表现与描述。

3. 正、负空间的同时表现

所谓正、负空间的同时表现就是将物体看得见和看不见的结构都表现出来。这是结构素描的主要表现特点,它从全方位入手展开对物体内部结构与外观形式之间的有机联系分析。比如观察一件牛仔衣或是一双鞋,完全可以把它视成透明塑料或玻璃的,将其内在结构线和边缘轮廓线按照一定的透视原理和美的韵律进行塑造和表现。

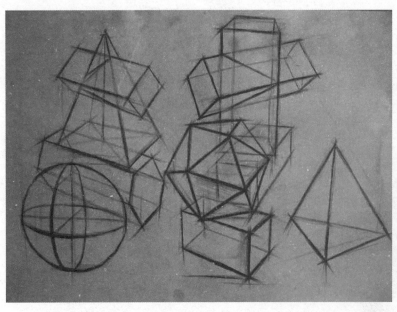

四、教学图例

这幅画以正方体、长方体、棱锥贯穿体为构成元素,主要运用直线,结合透视与构图知识来表现它们的内、外结构,虚线代表纵深靠后,实线代表轮廓前。

这幅画属于静物组合,球体的切面刻画得很生动,明暗关系的过渡处理得很好。

这幅画以三个水杯为画面主体,空间立体感把握得很好,画出了玻璃杯的深浅度和材质感,结构清晰,笔触细腻。

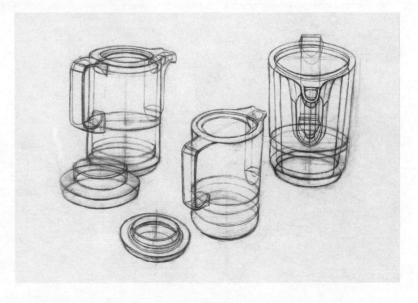

这幅画生动形象地画出了绳子的质感,明暗关系处理得很好。石膏人头像的比例角度也处理得恰到好处,笔触细腻,线条流畅。

动手画

内容:
以4开纸张完成静物组合结构素描练习。

要求:
1. 运用透视规律和归纳方法正确表现出物体的基本比例和形态,能以简洁明快的线条表现出对象较为复杂的形体和结构特征。
2. 用基本形把握复杂的表现对象,做到既高度概括又不失细节地将表现对象刻画出来。
3. 有层次地区分辅助线、轮廓线、结构线之间的关系,并辅以适量的明暗,帮助表现对象的体积和空间关系。

学习目标

1. 通过简单的直线和曲线练习线描,将线与面相互结合,达到训练眼和手之间相互协调的能力。
2. 通过线条之间的疏密和长度变化练习明暗之间的关系,能够较好地表现出线条之间的明暗变化。
3. 通过面与面、线条与线条之间的结合,完成较为复杂的几何体。
4. 能够较好地画出明暗过渡,能够分清受光面与背光面,找到明暗交界线。
5. 能够较好地画出比例正确、明暗交界线明确的物体,如:水果和球体等。
6. 能够充分运用线条和明暗关系完成较复杂的室内环境或室外风景。
7. 把握好整体效果,同时注意细节上的明暗变化、事物之间的比例。

第三单元

钢笔线描和明暗技法入门

第一节　钢笔画基础知识

一、工具特点

　　钢笔画的工具和画材,相对于其他画种,似乎非常简单,甚至可以说简陋。无外乎笔、纸和墨水等一些小用具。选用何种钢笔作为画钢笔画的工具,完全由个人的偏好与经济能力所决定。但无论是选用直头钢笔还是弯头钢笔(美工笔),关键是钢笔蓄水足、出水匀、笔尖弹性好,使用起来会得心应手得多。初学钢笔画者宜采用铅画纸,当你能够熟练地表现钢笔画肌理效果后用纸就可不必讲究了。铅画纸、水彩纸、铜版纸、新闻纸、宣纸等均适宜,有时因条件的限制,随手可得的任何纸张均可作钢笔画。

二、线的训练

　　1. 线的训练

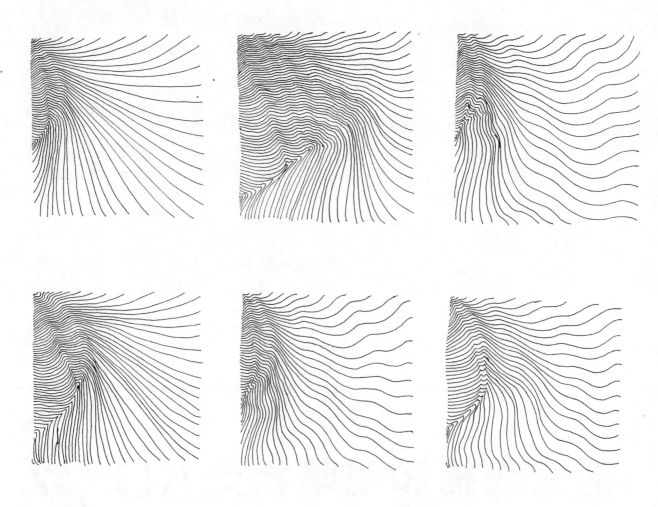

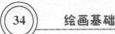

2. 明暗排线训练

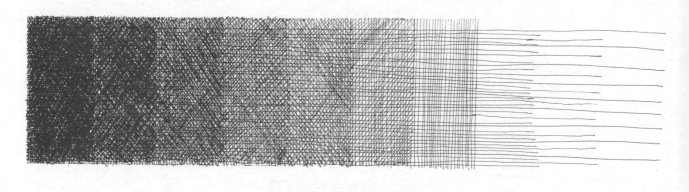

第二节　以明暗为主的线描方法

　　绘制明暗线描，要理解明暗对景物的作用，同时又要考虑形体的色块在空间层次中的变化。要注意明暗浓淡变化和明暗的面积大小对画面的影响，让画面始终围绕着主题，以达到一种均衡的感觉。每幅作品里都有重叠交叉排线，通过虚实相呼应和简化的节奏感，使画面产生一种情趣。

　　明暗速写中的明暗层次处理对于画面重点的烘托、气氛的表现具有重要的作用。

一、几何形(单体)作画步骤

① 用铅笔画出球和其阴影的基本轮廓。

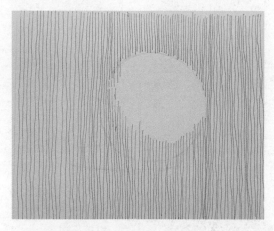

② 分析整体画面明暗关系,留白受光面,其余部分用较细的排线打灰。

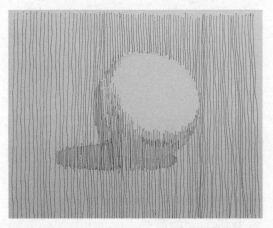

③ 加深背景阴影深处,受光面继续留白,注重受光面与背光面的过渡。

④ 用较粗的斜线在背光处加深,同时加深背景与阴影。

⑤ 用比较细密的斜线进一步完善背光面,完善物体与背景的过渡,进一步强调明暗过渡的效果。

⑥ 用短线完善细节,并修饰整体画面,使画面更为立体。

⑦ 完成。

二、静物（单体）作画步骤

① 在画面上用铅笔画出水果和其阴影的基本轮廓。

② 先分析画面的明暗关系，从最深处开始画（包括背景），用较细的排线打灰，留白光亮处。

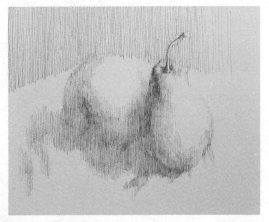

③ 进一步加深物体背光面和其阴影。

④ 用较粗的斜线在背光处加深，并同时加深背景与阴影。

⑤ 用比较细密的斜线进一步完善背光面,完善物体与背景的过渡,加强明暗过渡清晰的效果感。

⑥ 用短线完善细节,并修饰整体画面,使画面更为立体。

⑦ 完成。

三、室内作画步骤

① 在画上先用铅笔拓印出画的基本轮廓。

② 先分析画面的明暗关系,从最深处着手开始画。

③ 加深最深处。

④ 着手画比较深的地方,注意明暗的关系。

⑤ 画最浅处并注重细节的完善,修饰整幅画面的明暗关系。

⑥ 完成。

四、教学图例

　　这幅画线条流畅,明暗关系处理得很恰当,层次分明,突出了桌面上三个物体之间的相互关系。

这幅画线条流畅,明暗关系明确,物体之间的层次分明,富有立体感。细腻的笔触也赋予了这幅画生机,使得整幅画面生动立体。

这幅画细节处理得很好,柜子上的花纹清晰可见。明暗关系处理很得当,画面层次分明,富有立体感。

这幅画用植物的深衬托出了床的浅,层次关系一目了然,整幅画面详略得当。

第三节 以线描为主的速写方法

线条的表现无穷无尽,千变万化,它不仅仅能确定轮廓,更是表现体积、质感、空间、透视的绘画语言。

画者应该严格要求自己去理解形体、选择线条,要落笔准,随性作画。在作画过程中,由于线条落笔轻重不同、疏密不同,造成了形体的运动感和黑、白、灰上的变化,也加强了画面透视感。

构图是造型艺术的第一要素,而速写是训练构图安排的有效途径。速写中描绘的事物要根据画面的要求安排其繁简,哪些物体用疏的线条,哪些用密的;哪些用细的,哪些用粗的;哪些用曲的,哪些用直的;等等,要根据构图的需要而定。

一、静物作画步骤

1. 杯子

① 为了画出一个完整的杯子,首先,在纸上用点定位,防止画出的杯子变形。

② 由上至下,由近至远,画出杯子的顶部及勺子,注意要仔细观察,小心下笔。

③ 根据之前定下的点,画出杯子的大致轮廓。杯子的柄部在杯子前方,应先画。注意线条要流畅,下笔要谨慎。

④ 最后画上杯子的花纹,作品完成。

2. 柿子和玩偶

① 用点定下柿子和玩偶的位置,防止画出的
　东西变形。

② 由近至远画,先将最近的柿子的顶部
　画出。

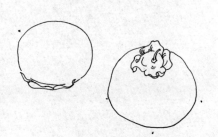

③ 顶部画完,陆续将两个柿子按照之前定的
　点画出。

④ 之后,将位于最后方的玩偶的大致轮廓画
　出。注意位置要与定下的点一致,并且线
　条要流畅。

⑤ 最后,将玩偶身上的装饰画完整,作品
　完成。

二、室内作画步骤

1. 灶台

① 将灶台和墙角物品的位置用点定位。

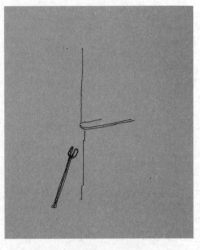

② 由近至远画,将最近的火钳和墙角先画好,注意保持线条的流畅性。

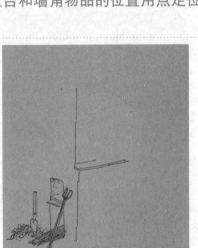

③ 再将火钳后方的杂物画好,下笔要细致,不能急。

④ 根据之前定下的点,将墙角右边的大致轮廓画好。注意右下方的桶,应先画。

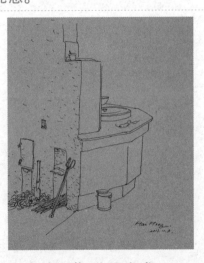

⑤ 修饰画中的细节,作品完成。

2. 杂物和瓜果

① 用点将鞋子、镰刀、凳子和瓜果的位置在纸上定下。

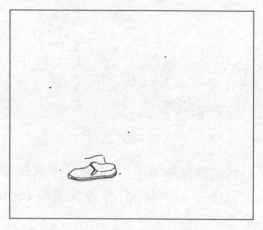

② 由近至远画，将最近的鞋子先画好，下笔要仔细。

③ 再将位于鞋子后面的镰刀画好，注意不要偏离用点定好的位置。

④ 然后再画出位于镰刀后面的凳子，同样要注意线条和位置。

⑤ 左半部分画完之后，画右边的瓜果。同样也是由近至远，画出位于最前方的两个瓜果。

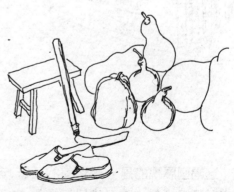

⑥ 之后画出位于最前方瓜果后面一点的瓜果的大致轮廓。

⑦ 以最前方瓜果为中心,剩余瓜果向后面和右面慢慢画出轮廓,并修饰细节。作品完成。

三、教学图例

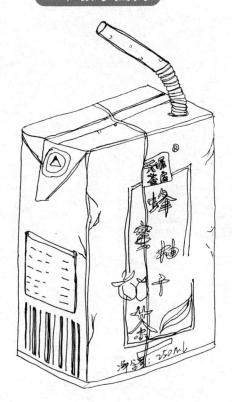

这幅画描绘的是平日里常见的利乐包装盒,包装盒上的细节,如:褶皱、花纹和吸管等都刻画了出来,使画面立体感增加。

这幅画展现的是一条精美的项链,这条项链是由许多颗黑色的小珠子串联起来的,并且吊坠的花纹也有些复杂,绘者用短促的线条仔细刻画了出来。

这幅画的主题较复杂，但通过细腻而流畅的线条展现了大小关系，因此看上去不再平面化。尤其是植物的叶子与竹篮描绘得很仔细。

这幅作品展现的是画室的一角。绘者很好地把握了空间结构，近大远小，将画室中的颜料、画板都仔细地刻画了出来。

动手画

内容：
1. 线描——简单几何体训练(单个物体、多个物体相结合)。
2. 明暗——简单几何体训练(球、水果)。

要求：
1. 在一张 16 开的素描纸上画一个几何体或一个物体。
2. 勾画出大体结构，注意线条间的比例关系。
3. 能够较好地分清明暗关系，画出明暗之间的过渡。
4. 能够把握住主题的轮廓，并且看清其中的细节。
5. 能够分清受光面与背光面，找到明暗交界线。
6. 要学会耐心，不要图快，能够细心发现物体的每一个细节，并且下笔谨慎，线条简洁明朗。

学习目标

1. 欣赏卡通，了解什么叫卡通及卡通画的不同类型。
2. 在欣赏各种卡通的同时，找出卡通画的表现方法，通过临摹逐步掌握卡通画的表现方法。
3. 在临摹的基础上学会创意构思。

第四单元

卡通画入门

卡通画以其鲜明的主题、典型的形象、幽默的造型、简洁个性的语言来表达生活,深受小朋友们的喜爱。

通常我们把动画片中的形象称为卡通,包括动物、植物、人物等。现在我们又把漫画、连环画、插画,以及动漫都归纳为卡通,因而卡通大量表现在幼儿、少儿读物以及动画影视中。

第一节 人物造型

在许多经典的卡通画中,主人公都是充满着正义、美丽、善良,以及励志的色彩。

一、人物造型步骤

① 画人物的时候需要首先确认人物的神态以及动作,图中是互相注视的两个人,设定是十几岁的学生,最后呈现的动态要自然。

② 确定线稿,画线稿的时候逐步完善草稿,直到能用勾线笔完成。线条要流畅,画线稿的时候也要注意人物形态的刻画。

③ 上色,要注意颜色的运用,可以事先在一边配好颜色,这样画面不会不统一。画人物的时候衣服褶皱、头发,以及阴影是关键,画阴影的时候可以一点点加深,当人物画好以后还可以适当添加背景。

二、教学图例

　　这幅画表现的是性格迥异的两个人,双方的面部特征刻画明显。轮廓勾勒仔细,不破坏原有动态。巧妙地运用灰色在其中穿插,丰富了整个画面色彩的层次感。

动手画

内容:
临摹或设计一幅卡通人物形象(8开纸张)。

要求:
1. 注意人物头部以及身体的比例,尤其是面部表情上的刻画。
2. 卡通人物服饰的处理要准确、鲜明,同时还应当进行适当的夸张和变形。
3. 上色使用水彩或彩色铅笔。

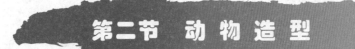

第二节　动物造型

　　小动物是小朋友们最好的伙伴,那些聪明、机灵、勇敢的小动物经过拟人的手法,成为许多经典卡通的主角。

一、动物造型步骤

① 将所要画的图形大概用铅笔打个轮廓,草稿可以反复修改,但是上色之前的线稿必须要简洁清楚。

② 把想要的颜色在其他纸上大概涂一下,为后面上色提供方便,此外还可以自己决定色调。

③ 由于采用水彩上色,铺大块颜色的时候尽量淡一些,水彩的覆盖力很弱,注意要留白或者浅色的地方。

④ 将图形的颜色细化,比如图片中的兔子身体的暗部、胡萝卜的明暗关系,以及投影的变化都要表现出来,最后拿细一点的针管勾勒轮廓,线条要流畅。

二、教学图例

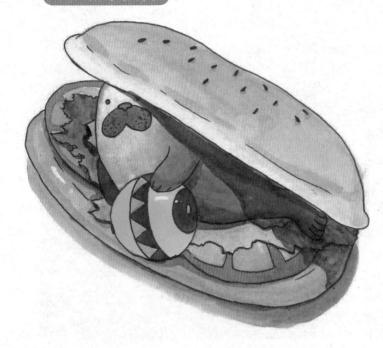

这幅画构思巧妙,将完全不同属性的事物放在一起,圆滚滚的海豹夹在长长的热狗包里,非常可爱。色彩方面,将番茄和菜叶放在一起,颜色有很大冲击力。画面整体明暗关系明确,水彩颜色是一点点加深的,有渲染的效果。

动手画

内容:

临摹或设计一幅卡通动物形象(8开纸张)。

要求:

1. 观察小动物的造型特点,进行提炼并变形。
2. 形象地表达小动物最有特点的动作、习性,可带背景。
3. 上色使用水彩或彩色铅笔。

第三节　场景造型

卡通画的美是让人走进童话虚拟的世界,而童话风景的美在卡通画中的表达随处可见。

一、场景造型步骤

1. 餐桌

① 大致起形,注意透视还有物品疏密高低变化。

② 勾勒轮廓,物体形态要有变化,比如图中蜂蜜罐和茶杯的对比等。

③ 上色,在东西比较多的情况下,颜色的搭配很重要,为求画面的活跃不可常用一个色系,可以有对比色,可适当留白。

2. 野餐

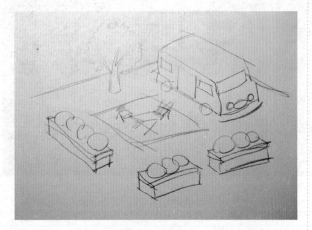

① 起稿,如果场景有透视一定要画准确。

② 勾勒轮廓线条要干净流畅,画透视不准或者拉不了直线可以借助尺子等工具。

③ 上色,大面积同系颜色可以一起上。

④ 画完所有的物体后别忘记画投影,否则物体会有飘浮感。

动手画

内容:
临摹或设计一幅卡通场景作业(8开纸张)。

要求:
1. 注意画面中的布局、空间、透视关系。
2. 卡通场景颜色的使用要协调。
3. 上色使用水彩或彩色铅笔。

学习目标

1. 初步具备建筑物、交通工具、生活用品这三者的基本造型概念。

2. 能够从几何图形、自然物形、人造物型等多方面寻找灵感,拓展创意思维,从而使用多种不同的表现方式进行造型创设。

3. 能够把握住构图的重要性,主题明确,装饰图案与整体造型相呼应,丰富整个画面。

4. 能够做到线条勾勒简明有力,能直观准切地进行绘图造型。

第五单元

造型设计入门

第一节 建筑物造型特点与创设

建筑物往往都具备提供居住和活动空间的任务,是人造自然的主体。建筑物的形成过程中,外部形象也是其建造时需要关注的一个方面。

在设计建筑物造型时,我们可以尝试通过三个不同的方面来思考创设:几何图形、自然图形和人造物型,从而进行思维拓展,最终联想设计出与众不同的建筑物。

一、建筑物

1. 几何形建筑物

就几何形建筑物的创设而言,几何图形的不同组合应用就可以设计出不一样的建筑物。诸如三角形、正方形、长方形、梯形、菱形等几何图形,看似平凡、单一,然而,将它们以不同形式组合在一起,就会产生不一样的效果。

2. 自然形建筑物

就自然形建筑物的创设而言,自然物就是一些自然界的生物或者植物,比如大象、乌龟、大树、鲜花等。在创设建筑物的过程中,关键就在于我们要抓住并把握这些生物或植物各自的特征,将其转变为建筑物设计上的亮点之所在,展现仿生美感。

3. 人造物型建筑物

就人造物型建筑物的创设而言,诸如鞋子、酒瓶、台灯等日常生活用品就是最好的素材选择。要把握物品的特征与线条,将之妥善恰当地运用到人造物型建筑物的设计中。由此,营造出不拘一格、独具匠心的美感。当然建筑物本身就是巨大的人造物,它的制作材料与日常生活用品的制作材料自然不能同日而语。因此,在创设人造物型建筑物的时候,还是要遵循建筑材料的特性,整体外形上形似意足即可。

二、创设步骤

左图中的建筑物,虽然只有三角形、长方形等几何形,但将三角形作为屋顶,长方形在中间作为点缀,建筑物的设计就有了不一样的效果。中间的大三角形作为屋顶,简约而大方。用几块相同的正方形或长方形组合在一起作为窗户。大门则通过用三角形和长方形的变换组合来形成。一幢几何形态的建筑物就这样完成了。

三、教学图例

这幅画用简单的黑白几何体组合而成,带给我们一种视觉的冲击。

这幅画利用葫芦的造型,通过圆形来构造装饰,使整幅画面协调统一。

动手画

内容:

1. 从多个角度设计建筑物造型,培养想象力及创造能力。
2. 用三角形、正方形、菱形等简单的几何形组合创设建筑物。
3. 利用大象、乌龟、菠萝等生物或植物各自的特征,应用到创设中,突出建筑物的特点。
4. 用生活中常见的人造物创设建筑物造型,形成独具特色的创设。

要求:

1. 能够将几何形、自然物形、人造物型的特点明确表现出来,并且恰当地与建筑物的特点相协调融合。
2. 能够注重整体构图的完整性,主体造型得到明确强调的同时增添一些装饰细节,使构图更饱满。
3. 能对主题造型本身进行适当的装饰,装饰的内容繁简适宜,避免累赘。
4. 在进行特点融合的主题式创设时要着重突出画面主题是建筑物,避免主次混淆。
5. 线条简练明确,构图清晰,造型完整,疏密结合有致。

第二节　交通工具造型特点与创设

在我们的日常生活中,出行离不开交通工具。它的种类也不少,海陆空三个领域的都齐全。不同的交通工具,它们的造型、功能和结构都不同。因此在创设独具一格的交通工具造型之前,我们应当首先观察和分析交通工具的特点,明确在心,随后再与几何图形、自然物形、人造物型等不同表现方式的特点相融合。

一、交通工具

1. 几何的交通工具

首先我们应学会观察生活中的各种各样的几何图形。比如有长方形、正方形、三角形、圆形、球体等。通过观察这些几何形,开始联想,明确图形的概念,然后将几何的图形联系到具体的交通工具,把各种交通工具用几何的图形去变化,以此做到造型上的创新。

2. 自然的交通工具

同样,在大自然中也有不少蔬菜瓜果可以给我们提供创作灵感,关键还是要观察,明确物象特征。这个过程中练习是十分重要的,我们可以先对自然界中一些简单构造的自然物进行写生,然后根据交通工具的具体造型构造综合应用。

3. 人造物型的交通工具

交通工具是大型人造物的一种。我们这里所提到的人造物型交通工具,更偏向日常生活用品类的人造物。同样需要注意多观察、多联想、多记忆,注意积累。鉴于人造物的纷繁复杂性,建议练习几种简单的交通工具的画法,再用形式各异的人造物进行造型创造。比如:冰箱横过来加几个轮子,就可以成为公共汽车等。

二、创设步骤

右图中的交通工具,是从人造物造型创设的角度出发。首先,先在画纸中央进行木制铅笔外形的塑造。在此基础上,根据一般飞行器的特征构造,增添了窗户、座椅、尾气等细节。最后微调整体画面。这样的创作融合并保留了人造物和交通工具两种造型的不同特点。这样,一幅造型别致的人造物型交通工具就完成了。

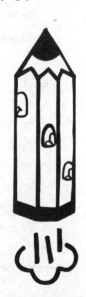

三、教学图例

这幅画从自然物造型创设角度出发,以萝卜造型为基础,增添了飞行器的细节特征,整体造型生动形象。

这幅画从人造物造型创设角度出发,以杯子蛋糕为造型基础,增添了窗户、门、轮子等交通工具的独有特征,并用花纹、线条对整体形象加以装饰,生动形象。

动手画

内容:

1. 搜集海陆空三大领域不同的交通工具并进行交流,确保对交通工具的结构和功能有明确概念。

2. 分别绘制3幅自己喜欢的不同交通工具。

3. 分别以不同几何图形的表现方式重新绘制那3幅自己喜欢的交通工具,确保各式图形组合在过程中的有效应用。

4. 分别以不同自然物形的表现方式重新绘制那3幅自己喜欢的交通工具,确保自然物形的特点与交通工具的特点相融不相冲。

5. 分别以人造物型的表现方式重新绘制那3幅自己喜欢的交通工具,并添加疏密有致的图案装饰,以达到艺术效果。

要求:

1. 掌握各种交通工具的简笔描绘,适应日后的教学需要。

2. 理解各物体的形状、结构、透视、提简表现手法。

3. 能发挥自主的想象能力,通过使用点、线、面等符号来表现物象的基本特征。

4. 能够保证构图完整,注重主体的表现力,同时有适当的细节装饰,不冲突。

5. 在进行不同主题创设的同时,要有机融合。同时还要着重突出更为重要的主题,如:几何图形的交通工具就要更为突出交通工具的特点,避免主次不清。

第三节　生活用品造型特点与创设

在我们的日常生活中,有各式各样的生活用品,给我们的生活带来了方便,如:炊具、餐具等日常用品。但是很少有人认真观察、研究、分析它们的造型特点、功能和颜色。本节就引导我们选择自己喜欢的物品的外形、功能,进行认真的观察和分析,了解它们的结构和作用之后,把握这些生活用品的造型特点,并且从几何图形、自然物形的不同角度出发,进行造型创设。

一、生活用品

1. 几何形生活用品

对于几何形生活用品的创设来说,首先根据物体本身的形状来选择与之相应的形状。其次要注重几何形状的线条、平行关系和圆的表现,避免几何图形的基本形状发生偏移。

2. 自然物形生活用品

在自然物形的生活用品创设方面,与几何形的步骤相仿,也是先根据要画的物体本身的形状来选择与之相应的自然物,再进行创设。关键是要把握具体的物象特征。

二、创设步骤

以图中的烧水壶为例,烧水壶胖胖的身躯与南瓜的形状相仿,于是我们可以将烧水壶的样子画成南瓜。首先画一个南瓜,在接近顶端处画一个圆弧作为水壶的盖子。接着在圆弧的下方瓶身处画弯弯曲曲的藤条来作为烧水壶的手把。然后在壶身的二分之一偏上处画一个壶嘴,最后对它进行适当的装饰,一个南瓜烧水壶就完成了。

三、教学图例

这幅画以日常的闹钟来造型,在其中加入几何线条,让整个画面变得十分丰满充实,更加立体。

　　这幅画是以日常用品台灯来造型,用丰富的花纹、线条,以及几何图形充实在其中,富有装饰感和趣味性。

动手画

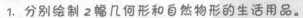

内容:

1. 分别绘制2幅几何形和自然物形的生活用品。

2. 分别绘制2幅几何形和自然物形的生活用品,并且用不同的图案进行装饰,如几何图形或者点线等。

3. 分别绘制1幅几何形和自然物形的生活用品,在图案装饰的基础上对其进行粗细变化和疏密变化,以达到艺术效果。

4. 分别绘制1幅几何形和自然物形的生活用品,并且在图形周围进行符合其造型特点或物品功能特点的创设,装饰整幅画面。

5. 分别绘制1幅几何形和自然物形的生活用品,自行制定主题,进行主题式的创设。

要求:

1. 能够将几何形和自然型的特点表现出来。

2. 能够自然地将生活用品与几何形和自然形相结合,避免生搬硬套。

3. 注重物体的图形表现,有适当的细节内容,避免呆板。

4. 能够进行适当的装饰,装饰内容能够与物体本身产生联系,避免生硬。

5. 能够根据物体本身进行适当的装饰,装饰的内容繁简适宜,避免累赘。

6. 在整体构图时要注意画面的平衡以及图形之间的协调性,疏密结合,避免画面失调或者杂乱。

7. 在进行主题式创设时能够将画面内容紧紧围绕主题,不偏题,同时要着重突出主题,避免主次混淆。

学习目标

1. 掌握色彩表现的一般规律和原理，正确认识色彩原理，掌握正确观察色彩的方法，理解色彩的表现语言。
2. 能掌握色彩画的基本技法，能够在画面中表现出色调的冷暖、色相与饱和度。
3. 培养对客观物体的艺术观察力和表现能力，以及对绘画作品的鉴赏能力。
4. 提高色彩品位、艺术修养和艺术情操。

第六单元

色彩入门

第一节 色彩特征

蓝色的天空,白色的云朵,红色的花儿,绿色的树木,在大自然中我们对这一切都司空见惯,但不是一成不变,每一个瞬间都在发生着微妙的色彩变化,主要原因是来自于光的变化。

一、色彩分类

色彩可分为两大类:有彩色系与无彩色系。

① 有彩色系是指太阳光谱中的红、橙、黄、绿、蓝、紫等各单色光以及它们的复合色。

② 无彩色系是指黑、白,以及介于它们之间的各种明度的灰。

二、色彩变化

色彩的变化主要由色彩的三个要素(色相、明度、纯度)及心理要素(色性)来决定。

1. 色相

不同波长的光给人不同的色彩感受,是一个颜色区别于其他颜色的特征。我们把各种颜色的波长确定为红、橙、黄、绿、蓝、紫等色以特性的现象叫做色相。

2. 明度

明度是指色彩的明暗或深浅程度。明度是色彩三属性中最重要的因素,它可以脱离色相和纯度而单独存在。例如早期的黑白照片、中国水墨画、素描作品等。因此,明度是衡量色彩搭配和谐与否的最基本因素。

3. 纯度

纯度是指色彩的鲜艳度或饱和度。从理论上讲,三原色红、黄、蓝的纯度最高,间色次之,复色、再复色则纯度逐渐降低。

在幼儿色彩运用上,我们会考虑用纯度较高的宝石蓝、柠檬黄、亮红色或调和了白色的粉蓝、粉红、粉黄、粉紫、芥末绿等复色表现出甜蜜的糖果色,运用在幼儿教学任务中。给孩子们以有趣、甜美、可爱、欢快的色彩联想。

第二节 色 调

色调指的是一幅作品中画面色彩的总体倾向,是大的色彩效果。在大自然中,我们经常见到夕阳下的海面不再是蓝色而是红色,暮色中的月光是淡淡的蓝色,大雪纷飞时是茫茫的白色,迷人的秋天是诱人的金色。不同颜色的物体被环境色笼罩时会带有同一色彩倾向,这样的色彩现象就是色调。

色调在冷暖方面分为暖色调与冷色调:红色、橙色、黄色为暖色调,蓝色、紫色为冷色调,绿色为中间色调。暖色调的亮度越高,其整体感觉越偏暖;冷色调的亮度越高,其整体感觉越偏冷。

红色给人以华丽、女性、都市、热烈等联想,象征着节日、吉祥、太阳、火焰、革命、暴力等。

橙色给人以狂欢、热闹、快乐、满足、欢喜等联想,象征着甜美、温暖、万圣节、愉悦等。

黄色给人以摩登、刺激、柔软、清爽等联想,象征着皇族、权利、希望等。

蓝色给人以理智、冷静、沉着、忧郁、理想等联想,象征着高贵、忧伤、含蓄、悠久、大海、蓝天等。

紫色给人以高贵、神秘、古风、雅致、浪漫等联想,象征着贵族、优雅、宗教、哀怨、权威等。

绿色给人以新鲜、田园、青春、清净等联想,象征着和平,安静,环保等。

第三节 对 比

一、色彩对比

这主要是指色彩的冷暖对比,色彩对比的规律是:在暖色调的环境中,冷色调的主体醒目;在冷调的环境中,暖调主体显得更为突出。色彩对比除了冷暖对比之外,还有色相对比、明度对比、纯度对比等。

二、色相对比

两种以上色彩组合后,由于色相差别而形成的色彩对比效果称为色相对比。它是色彩对比的一个根本方面,其对比强弱程度取决于色相之间在色相环上的距离(角度),距离(角度)越小对比越弱,反之则对比越强。

三、彩度对比

同种色彩,根据周围不同色彩条件的影响,彩度看起来会升高或者降低。

四、补色对比

补色对比是色彩对比中最强烈的力量,黄与紫、橙与蓝、红与绿,这是最常见三对补色。

五、纯度对比

纯度高对比会出现鲜的更鲜、浊的更浊的现象,画面对比明朗、富有生气,色彩认知度也较高。纯度是对比中最和谐的,画面效果含蓄丰富,主次分明。纯度低对比的画面视觉效果比较弱,形象的清晰度较低,适合眼睛长时间及近距离观看。

六、冷暖对比

冷暖对比是将色彩的色性倾向进行比较的色彩对比。冷暖本身是人皮肤对外界温度高低的条件感应,色彩的冷暖感主要来自人的生理与心理感受。

七、教学图例

这幅图主色调为蓝调,冷色。背景为蓝紫色,背景的色彩是渐变色组合纹样。主体素材是饮料杯,黄、红、天蓝、深蓝色组合,饮料杯上也搭配了各种对应的颜色,互相呼应。色彩层次较多,选用的红色是偏冷的红紫,黄色也偏绿,加上天蓝和深蓝,整个色调控制在冷色调下。

这是一幅装饰画,运用粉红、粉蓝、粉黄搭配画面,展现了一个富有童趣,热闹非凡的童话的世界。由于色彩中都添加了白色进行调和,粉色系纯度弱对比的画面视觉效果比较弱,画面比较柔和。

这是六一节的宣传画,蓝色调的海洋游玩,体现了孩子们向往的欢快节日。主色调为蓝色,在画面中出现的潜艇、海底生物等用偏红色的点缀色,美术字则用条纹间隔的颜色来表现,突出轻松、欢快、愉悦的气氛。

动手画

内容：
色彩搭配练习。

要求：
运用简单的配色原理，能够在画面中合理运用冷暖色，控制色调。

1. 了解水粉画的艺术特点,熟悉水粉画工具材料性能。
2. 掌握水粉静物、景物的写生方法、绘画步骤、表现技法。
3. 正确运用色彩观察方法,从整体出发表现色彩之间的
   关系。
4. 在色彩实践中逐步掌握色彩调配规律、色彩对比和谐
   调的规律。

第七单元

水粉画景物写生入门

第一节　水粉画概述

一、水粉画的特点

　　水粉画是用粉质颜料加水调和绘成，颜色一般不透明，运用得当，能兼得厚重和明朗轻快的感觉和效果。现代水粉画的方法最早起源于一种不透明的水彩画法——在十八世纪中叶到十九世纪中叶的英国，一些水彩画家为了在水彩画中追求作品的油画效果，加重白颜料的使用并吸取了许多油画的表现技法，这就产生了不透明的水彩画法，于是水粉画产生。

　　水粉颜料覆盖力，强便于修改，色彩艳丽、明快、浑厚、柔润，而使水粉画题材广泛，形式风格多样，应用十分广泛。它那天鹅绒似的画面具有独特的美感，除了用它绘制写生绘画、创作绘画、装饰画、儿童画，还可以用来绘制图案、进行环艺设计、画广告、画宣传画等。

水粉画对画幅大小、粗放或精致的绘制任务都有较大的适应性，它的工具材料也较简便，外出写生、收集生活素材十分便利。

　　水粉画表现技法丰富多样,用水调色可干可湿、可厚可薄。干画、厚画可获得油画浑厚的效果;湿画、薄画又能出现水彩画柔润的意味,因此,水粉画是介于油画和水彩画之间的一个画种。

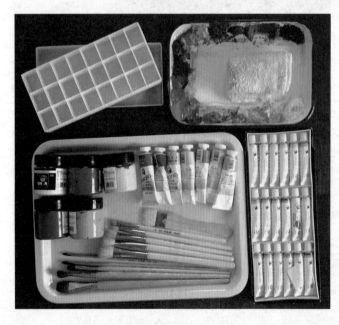

二、水粉画的材料和工具

　　水粉画的工具材料主要包括水粉颜料、调色盒、画纸、画笔、吸水布及其他。

1. 水粉颜料

　　水粉画的颜料是不透明的水溶性颜料。它是用颜料粉、白粉及结合剂(胶水、甘油、防腐剂)根据一定的比例混合而成。

　　用水粉颜料作画时,主要采取混合白色颜料的方法来提高色彩的明度,但白颜料在提高色彩明度的同时也会降低色彩的纯度,因此在有的时候,根据画面需要,我们也可以混合淡黄、橘黄、草绿等浅色来代替白颜料的使用,使色彩在提高明度的同时能保持一定的纯度。另外,水粉色的覆盖力很强,颜料色层能遮盖住纸面及底层色彩,但当画面颜料干后色彩要比湿时显得浅而灰,即色彩的纯度减弱,明度加强。水粉的这一特点会使没有绘画经验的新手感到难于掌握,需要多加练习,才能很好地掌握水粉的色彩习性。

水粉写生应准备以下一些颜料:白、柠檬黄、中黄、土黄、橘黄、朱红、大红、深红、玫瑰红、赭石、熟赭、淡绿、翠绿、深绿、草绿、钴蓝、群青、普蓝、青莲、黑等二十种。白色及柠檬黄用量较其他颜色用量多,需多准备。

2. 调色盒

水粉画使用的颜料量大,可选用带白色颜料盖子的二十四格塑料颜料盒,盒体贮存颜料,盒盖用来调色。也可另外购置矩形白色调色盘。

为了便于调色,应把颜料按冷暖、明度有规律地挤在颜料盒格子里。色彩在调色盒内的排列顺序如下表所示:

色彩的排列顺序表

白	中黄	橘黄	大红	赭石	熟赭	翠绿	深绿	普蓝	青莲
柠檬黄	土黄	朱红	深红	玫瑰红	淡绿	草绿	钴蓝	群青	黑

3. 画纸

水粉画用纸的要求不高,只要不过分吸水,不过分光滑,一般的素描纸即可使用。以纸质结实、不太薄、有纸纹、不吸水为好。纸质不同,表现效果略有不同。

4. 画笔

一般情况下,水粉画笔使用扁形方头、含水性好、富有弹性的狼毫或兼毫笔为好。这种形状的水粉笔偏着能画出方形的块面,侧着能画出有变化的线,非常有利于塑造形体,熟练掌握后能发挥很好的效果。另外,也可选用底纹笔、油画笔及中国毛笔辅助绘画。至于个人对画笔的选用,可以在对各种画笔的特性了解后,根据个人作画的需要而定。

5. 吸水布及其他

吸水布是作画过程中帮助控制画笔中水分的,也可以抹去画笔中多余的废色。另外,作画时还应有一个装水容器,用于涮笔及蘸清水作画用。

三、水粉画的基本技法

1. 水粉画中的用水和白色使用

水粉画上色时,使用水分有两个目的,一是调稀颜色便于自如运笔着色,二是将颜色稀薄到需要的程度以明亮的纸色透出色彩层。水粉画用水调色的浓度,因干湿厚薄的作画技法而异,不宜过稀,一般应调成稀糊状,以能涂得均匀、使色彩具有一定的覆盖力为适当。

多加水的薄画法可以产生一种半透明感,画面效果比较柔和滋润、含蓄抒情。使用白粉多的厚画,画面效果明确强烈而有力。一般来说,用厚薄结合的画法可以使水粉画获得更为丰富的变化效果。

2. 水粉画的用笔方法

用笔方法有摆、蹭、染、刷、提等。

3. 湿画法与干画法

水粉画的技法,可归纳为干画法与湿画法,在实际绘画中,这两种方法往往交替运用。

湿画法:用水略多,颜色较薄,趁湿时一笔笔接上去,无明显笔触,效果细腻、柔和。这种画法常用于画天空和远景,以及处理大的色块、大的色调,尤其是画雾天或雨景有独特的效果。湿画法的特点,是能保持色彩新鲜、明朗、动笔流畅。

干画法:用水较少,色层可厚可薄。厚一些,可以遮盖底层色;薄一些,可利用第一层色的透露、隐现,造成特有的效果,层层加工,使色彩更加丰富,从而巧妙地表达物体质感、色感和空间感。

初学水粉画以块面造型的干画法为宜。按形体块面的走向用笔,有利于强化形象的体积感和笔触的灵活性。尔后再掌握干湿结合的画法。

第二节　水粉静物写生

水粉静物写生是作为色彩画基础训练的重要手段,对观察色彩、锻炼造型能力、研究表现不同质感的物体,以及掌握水粉画工具性能有很大帮助,是提高学生绘画技能的有效途径。

一、水粉静物写生要求

1. 静物组合要求

一些日常生活用品、新鲜瓜果等,凡造型好、色彩好的,都可以作为静物写生的对象。静物组合在取材内容上要考虑它们的内在联系,不能违背生活规律,摆布合理自然,主体突出,布局符合构图规律,注意黑白灰的变化和色彩的对比与呼应。

2. 静物绘画注意事项

(1) 构图

在静物构图中,视平线一般处理得比较高,低了看到的物体显得拥挤。主体物在画面上应完整,占突出、醒目位置。安排物体要均衡,同时考虑空间关系、虚实关系等。

(2) 轮廓的画法

初学水粉画,可用铅笔轻轻起稿。在起稿时尽可能画出物体大体的比例关系、形体结构、明暗关系,并不要求画出复杂的层次或每个细节。在铅笔稿基础上再画一遍色线轮廓,把形体固定下来,然后上色。

（3）色彩关系

室内的光源主要是天光，一般偏冷。

物体受光面色调的冷暖，以光源色的冷暖为转移；物体受光面的侧光部位受环境的影响不大，其色相以固有色为主。

反光部位由于受环境反射光的影响较大，其色相是固有色和环境色的综合。

物体的明暗交界部位，由于不受天光的照射，环境色的影响也最小，色度较深，色相往往与亮部呈补色关系。

（4）空间关系

在静物写生中，静物的前后距离近，因此要拉大物体之间的空间关系，在表现空间关系时要防止每样东西都画得很实、平均对待。

（5）质感表现

能否将金属物体表现得击之有声，又能否将水果画得水润鲜嫩？静物写生中物体质感的表现不容忽视。各种不同物体的质地，在接受光线时反应是不同的。光滑的物体对色光反射能力强，粗糙的物体反射则相对弱些；琉璃器皿具有通透性，除了自身色彩外还能透射其他物体的颜色，同时对光的反射能力也很强……抓住物体特征是表现物体质感的前提。

二、水粉静物写生步骤

1. 观察

　　观察光源色、环境色及其对固有色的影响。一边观察一边考虑哪些地方应作重点刻画,哪些地方应概括或虚化。全面理解、心中有数后再开始绘画。

2. 起稿

考虑物体在纸上的位置、大小及构图的要求,用铅笔或单色(淡蓝色或淡棕色)起稿,画出具体对象的位置,注意每个物体的大小比例、前后关系和相互间的空间距离,还要注意形体特征和方向动势。接着用单色或复色画出对象大体的结构与立体感,要求简要明确,为下一步正确落笔上色做好记号。

3. 上色

(1) 铺大色调

从画面整体着眼大胆落笔,用大的笔触、较薄的颜色,以湿画法为主,先从暗部开始,将对象基本明暗色调及背景用大的色块铺起来,形成画面的基本色调,画出主体与背景的关系、主体亮部与暗部的关系、总的色调及色彩的冷暖关系等。做到块面关系明确、色调冷暖关系肯定。

(2) 深入刻画

如果说铺大色调限于色彩的现象感觉,那么深入刻画就着重深入理解与表现了。在这一阶段要抓住明暗结构的关键部分,加强画面的表现力和色彩的感染力。调色水分要小,以干画法为主,处理背光地方时,用色宜薄不宜厚,受光面颜色可适当厚些。

(3) 整理收拾

从画面的整体关系出发,对一些影响画面整体的地方适当修改、调整,该加强的加强,该减弱的减弱,避免画面出现生、灰、粉、脏、花、焦等现象,提高画面效果的表现力。

三、教学图例

画面以干画法为主,采用了干湿结合的画法。画面主体突出,色彩丰富,前后虚实关系表现得当,物体质感表现到位,有光感。整幅画透露出浓厚的生活气息。

画面采用了干湿结合的绘画方法,前后虚实关系处理得较好。衬布的色彩较为丰富。酒杯、花卉的质感表现得较好。

第三节　水粉风景写生

　　自然景物广阔博大,色彩变化丰富。风景写生是领略自然美、抒发情感、培养观察力、训练绘画能力的理想手段。一幅好的风景画,往往不只局限于简单地模仿对象,而是以客观自然为依据,通过美术家独特的感受,创造性地再现自然的美,反映出作者的理想、愿望和感情。

一、水粉风景写生要求

风景画重在意境，因此画面内容、构图、色彩、笔法等绘画因素都应围绕意境的需要来选择。初画风景画写生，在选景时不宜选过于复杂、场面过大的风景，要由简到繁，几个小草垛、一条小路、小溪，都可以构成一幅幅美丽的图画。

二、水粉风景写生步骤

1. 起稿

根据画面构图、色彩、空间、内容、喜好选好景物，用淡蓝色概括地画出主要景物的位置和形状。

2. 铺大色调

按照从远至近的绘画顺序，用湿画法先铺出天空和远山的色彩。再铺出近处的房子及树木的色彩。最后用湿画法铺出水面倒影的色彩。

3. 深入刻画

深入刻画各部分细节，重点放在中景的房屋树林上，用色要准确明快，用笔要依形体变换。远景虚茫概括，中景丰富细致，近景则要强烈简练。

4. 整理完成

调整整个画面的色彩，使之统一在一个整体中。最后，添画上房屋及树木的细节，加上最后的亮色，使整个画粗中有细，显得更耐看。

三、教学图例

整幅画面采用湿画法，表现了秋天林场的景色。画面中飘动的小旗增添了林场的生活气息。画面色彩纯度较高，冷暖对比明显。近实远虚的表达方法使画面具有一定的空间感。

动手画

要求：

画面主题突出、构图合理、空间关系得当、色彩协调。

内容：

1. 临摹水粉静物画和水粉风景画各一幅。
2. 用水粉画工具材料写生静物和风景各一幅。

学习目标

1. 了解装饰图案的基本概念,能够理解装饰图案的几种
   形式法则。
2. 能够在自己的作品中组合运用装饰图案。
3. 培养审美趣味、陶冶高尚的情操。

第八单元

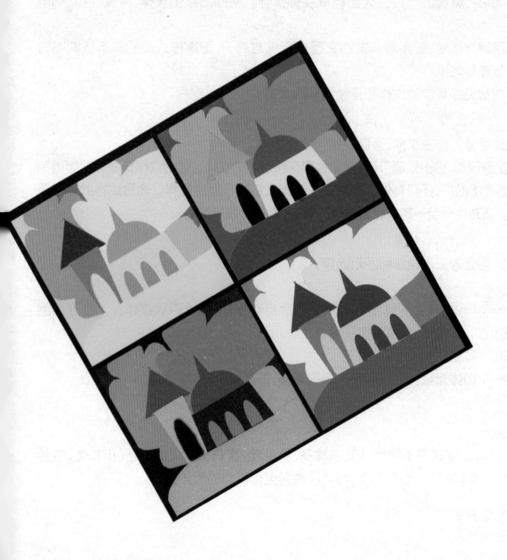

装饰色彩入门

第一节　图案基础

一、图案概述

图案是实用与装饰相结合的一种美术形式。它是把生活中的自然现象，经过艺术加工，使其造型、色彩、构图等适合于实用和审美的一种设计图样或装饰纹样。平面图案由纹样、构成、色彩和肌理等基本要素组成。

图案的组织原则是条理与反复，图案形式美的原理是变化与统一，图案形式美的基本法则有对称与均衡、对比与调和、节奏与韵律。

图案纹样的组织形式常见的有单独纹样和连续纹样两大类。

1. 单独纹样

单独纹样的组织形式可分为自由纹样、适合纹样和填充纹样。

自由纹样是没有外轮廓限制，自由处理外形，并单独存在和应用的纹样。适合纹样是受外轮廓限制的装饰纹样。适合纹样的范围很广，任何有外形的物体上的图案都属于适合纹样。适合纹样的形态要与外轮廓的形状相吻合。填充纹样受一定外轮廓形状的限制，比适合纹样自由。

2. 连续纹样

连续纹样的组织形式可分为二方连续和四方连续。

（1）二方连续

以一个单独纹样为一个母体，向上下或左右等两个相反方向延伸，形成带状纹样。二方连续的形式很多，如：波线式、散点式、折线式、套接和碰接等。

（2）四方连续

以一个单独纹样为一个母体素材，向上下、左右同时延伸，形成一个面的纹样。

二、图案的创编

在寻找母体素材的时可以取材于小物件，如：小袜子、小手套、饮料、水杯、小铃铛、小礼物、各种可爱的水果、花卉、树叶、各种卡通的小动物等等，都可以成为创作纹样的母体素材。

三、图案的配色运用

1. 同种色配合

这是色相相同、明度不同的色的配合，如：蓝、深蓝、粉蓝的配合，其特点是：在不同的场合分别表现为调和与单调。

2. 类似色配合

这是含有相同色相的颜色的配合，如：红、紫红的配合，其特点与同种色配合相同。

3. 对比色配合

这是与该色不含有共同色相的色的配合，如：黄与蓝、红与黄、蓝与红等色的配合。凡与色轮中相对的色相配合，都称为对比色配合，如：红与绿、橙与青。红与补色以外的对比色配合，称次对比色配合。对比色的特点是：一般表现为鲜明、强烈，但处理不当时，容易形成乡气、土气、色彩太响亮或是杂乱的效果。

4. 配色层次和主调

纹样图案设计时,色彩可以表现两个层次,也可以是三个层次,甚至更多。母体素材为一个色彩层次,底纹为一个色彩层次,背景为一个色彩层次。层次大体上可以分为三种情况:亮底上配深色、灰色纹样,深度上放灰、亮色纹样,灰底放亮、暗色纹样。

主调即主色,是主色调的基础。画面上的红多就是红色调、暖色调,蓝多就是蓝色调、冷色调。此外,还有明色调、暗色调、含灰色调等。有了色调,画面才能统一。

第二节　四季色彩

如果把色彩分成四组,刚好与大自然的四季的色彩特征相吻合。因此,就把这四组色群分别命名为"春"、"秋"(暖色),和"夏"、"冬"(冷色)。

春的组色总会给人生机勃勃的感觉,春天更多是嫩绿、翠绿、浅绿等,倾向于暖色;秋天的组色总会呈现金灿灿的丰收景象,秋天的黄色可以是金黄、柠檬黄、稻穗的中黄、落叶的桔黄、橘褐色等暖色;夏天的组色会让人联想到度假的海边,水天一色的感觉,夏天的蓝可以是海水的深蓝、天空的天蓝、海浪清澈的蓝、夏天的树木是茂盛的深绿色、橄榄绿等冷色;冬天的组色则让人联想到白雪皑皑,天空的颜色都会透着寒冷的蓝或冷灰,冬天凋零的树木早已没有了绿色,只剩下树干深沉的褐色,色

彩笼罩着冷调。

四季色彩在图案中常采用各种对比方法。一般是指线条、形状、色彩的对比,质感的对比,刚柔静动的对比。在对比中相辅相成,互相依托,使图案活泼生动,而又不失于完整。

简单的房屋、树木用粉绿为主的颜色表现春天,用深绿色为主的颜色表现夏天,用橘色为主的色彩表现秋天,用蓝色为主的色彩表现冬天。相同的内容,四季运用不同的色彩表现。

上图主色调同为红色调,暖色。但选用了纯度、明度较高的大红色为背景色,母体素材是汽车、自行车、人物,都选用了明度较高的黄色、翠绿色、白色组合图案,画面色彩明亮,色彩对比度高,红色的运用则具有象征意义与警示作用。

上图主色调为红色调,暖色。背景色选用了粉红色,母体素材是草莓、柠檬,图案颜色选用了主调一致的大红色和明亮的柠檬黄色,还搭配了少量的绿色。色调在粉色控制下,加以明亮的色彩,轻快活泼。

内容:
设计包装纸。

要求:
运用图案的基本表现形式,设计具有装饰性的纹样包装纸。可以根据自己的喜好确定母体素材,遵循纹样设计规律,可以是单独纹样也可以是连续纹样。注重图案的色彩搭配,设计出具有自我风格的包装纸来。

学习目标

1. 能够较好掌握各种绘画的方式。
2. 能够掌握各种绘画方式的技巧，以及各自的不同。
3. 能够确定一个主题，运用多种不同的表现方式来进行
   创设。
4. 学会如何构图，尝试丰富整个画面的内容。
5. 能够在绘画过程中感受色彩的魅力。
6. 培养想象力、创造力和表达能力。

第九单元

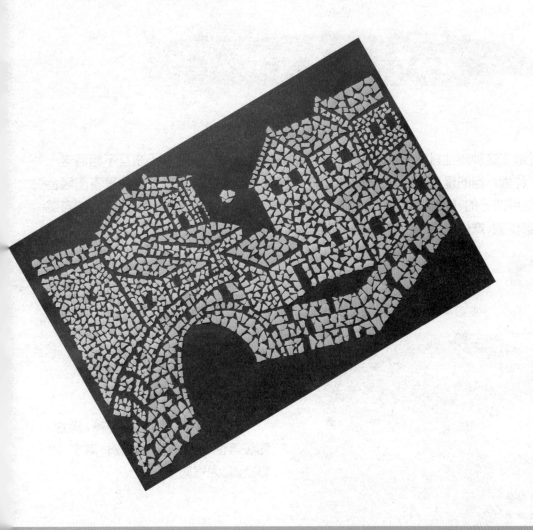

色彩肌理运用入门

　　幼儿园中的色彩肌理美术教学通常通过教师提供的各种材料,例如颜料、卡纸、吸管等供幼儿创作、绘画、涂鸦。这种教师辅助幼儿创作的简单肌理作品,不仅能使幼儿很好地发挥想象力,也能培养他们的动手能力。而幼儿完成的色彩肌理作品也可以成为很好的环境装饰物。通过张贴幼儿自己完成的优秀色彩肌理作品,可以使环境空间更符合儿童的生活和心理需要,影响审美情趣等心理需求。

　　色彩肌理是指运用特定的物质材料和相应的处理塑造手法造成画面的组织纹理。色彩是光作用所产生的,它包括色相、明度和纯度三个要素,而色彩肌理则使色彩的表述增添了色相、纯度和明度这三要素变化外的其他表现效果。作者通过各种纵横交错、高低不平、粗糙平滑的纹理变化和色彩的色相、明度、纯度的变化,在绘画中,依据自己的审美取向和对物象特质的感受,利用不同的物质材料,使用不同的工具和表现技巧创造出一种独特的画面组织纹理。

第一节 油水分离

　　油水分离是通过蜡笔这种油性材质和水彩颜料这种水性材质的结合,利用水和油互不相溶这一特点而制造效果的一种画。目的是为了让幼儿体会到水油分离的绘画效果,知道水和油是不能融合的,也知道蜡笔是有油的成分的,而颜料中加的是水。所以用颜料涂刷背景后用蜡笔绘画的地方就会显现出来,而不会被覆盖,产生厚重和神秘的效果。

一、创作示范

1. 材料

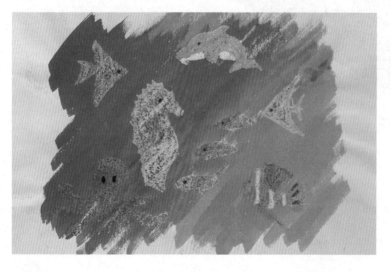

卡纸、彩色蜡笔、油画棒、蜡烛、乳胶等阻止性能强的材料,清水,水彩颜料,大号画笔。

2. 步骤

① 先在卡纸中央用各色油画棒画上海里常见的小动物。

② 调制蓝色的水彩颜料,用画笔大面积涂在鱼上及其周围。

③ 放平,晾干后就会出现油水分离的奇妙效果。

二、教学图例

　　运用蜡笔和自己的创意先绘制出自己的七彩世界，覆盖水彩颜料后把自己天马行空的世界凸显得更加奇幻。

　　蜡笔画出了自己生活中看到的事物，添加图案，使画面可爱有趣，水彩颜料的覆盖更使得原本的画面更加细腻丰富。

第二节　蛋壳贴画

　　蛋壳贴画是在绘制的图案上粘上涂上颜料的蛋壳，填充画面和各种细节等。

一、创作示范

1. 材料

卡纸、蛋壳、乳胶、水彩颜料、清水,可以根据自己所需添加蜡笔等。

2. 步骤

① 准备好蛋壳、毛笔、胶水、镊子、彩色水笔、卡纸。

② 在黄色的卡纸上用铅笔画上人脸的图案。

③ 拿出洗净晾干并撕去薄膜的蛋壳,在上面涂上所需的颜色,例如涂上鼻子上所需的黑色和灰色。

④ 等蛋壳快干时,用小毛笔蘸上胶水,在卡纸上要贴蛋壳的地方涂上厚厚的胶水,例如先涂在鼻子上。

⑤ 掰一小块蛋壳放在胶水上,用镊子把蛋壳压碎,把蛋壳按照设计的图形排好,例如按照原先画好的鼻子的图案,把蛋壳按照轮廓摆在上面。

⑥ 可以根据颜色的顺序摆上蛋壳。

⑦ 最后要使轮廓圆滑。

二、教学图例

丰富的色彩抓住了看客的眼光,运用同色的底板更能凸显蛋壳制造出的层次感。

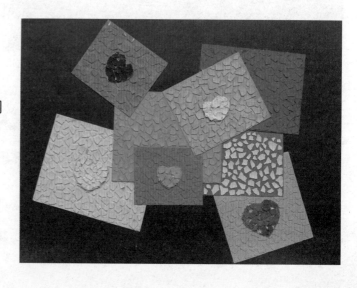

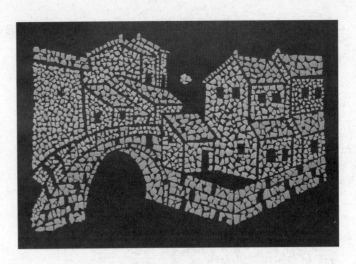

此图粗看不知为何,细看却发现小桥流水尽在其中。仅仅是运用了原色的蛋壳和黑色的底板却制造出了这样的独特效果。

第三节 纸板拓印画

纸板拓印画是一种利用不吸水的纸板、普通画纸和水彩颜料制造出的绘画效果的画种。
可以根据幼儿不同的年龄阶段准备相应工具,大致分为三个阶段:

① 单纯体验拓印的感觉。

② 参与准备拓印用的纸板,组合后进行拓印。

③ 用纸板制作出自己喜欢的造型并进行组合后拓印。

一、创作示范

1. 材料

不吸水的纸板、画纸、水彩颜料、画笔、清水。

2. 步骤

① 准备纸板、颜料和画纸。

② 选定自己喜爱的底板颜色,此幅选择了粉色,然后预设各个天体的位置,确定色彩。

③ 在纸板上画好各种天体的形状,将调制好的颜料涂在纸板上,最后按照原先预设好的位置进行拓印。

二、教学图例

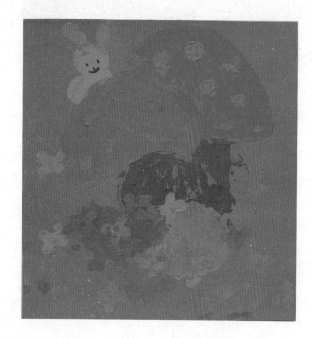

整体采用了暖色调,运用小兔子、蘑菇和小花营造了一个温馨的氛围。

蓝天白云加上纸板拓印的斑驳,让人感觉是在幽径处看到了这个画面。

第四节　滴　　画

　　滴画是运用丙烯颜料和勺子进行的绘画,是一种画风大胆、随意的绘画。在丙烯颜料中加入适当比例的水,调成稀薄酸奶状,用勺子蘸取少量颜料通过手腕的力量在画纸上通过滴或甩的方式画出线条和点,通过不同的线条和点的组合,制作出满意的绘画作品。

一、创作示范

1. 材料

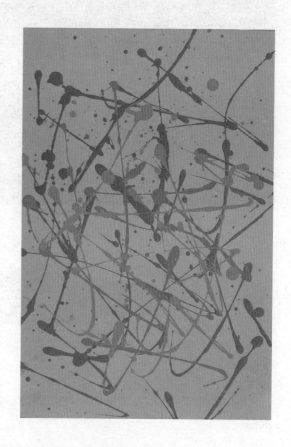

卡纸、丙烯颜料、勺子、清水。

2. 步骤

① 利用准备好的材料,调制纯度不一的粉红色颜料(通过增加白色颜料)。

② 将颜料调制成稀薄酸奶状,用勺子蘸取,通过手腕的力量在画纸上通过甩的方式画出线条,等待最深颜色的颜料半干再依次增加。

③ 放置一旁晾干,就会展现出凹凸感十足的抽象滴画。

二、教学图例

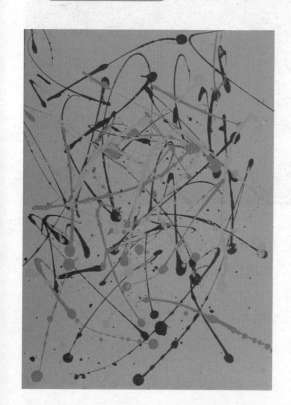

简单利用蓝色颜料中的纯度比例变化和甩出的线条变化制造出抽象画作,简单却又内容丰富。

在彩铅绘画的基础上,运用滴画的技巧,使画面增添了一些趣味度,颜料晕开的感觉犹如花朵绽放。

第五节　刮　　画

刮画是一种水彩和蜡笔相结合的画种,通过自己的构思再在图纸上刮出想要的部分,制造出层次感。

一、创作示范

1. 材料

卡纸、清水、水彩颜料、蜡笔、刮笔。

2. 步骤

① 预设自己的创意画,然后用彩色的水彩颜料在卡纸上铺满,等待水彩颜料晾干。

② 在干了的画纸上铺一层蜡笔,可以是全黑的,也可以根据自己的喜好挑选颜色,这里挑选的是黑色蜡笔。

③ 使用刮笔在事先铺过水彩颜料和蜡笔的卡纸上根据自己原先的创意设定刮出鱼、水彩和气泡等。

二、教学图例

画面的主体虽然很简单,但刮画色彩丰富的底板却让太阳的光芒越发吸引眼球。

一朵朵的小花和大象展示出的凹凸感是刮画所带来的独特之处,画面饱满却清新脱俗。

第六节 线 印 画

　　线印画与传统的印画有所区别,是运用毛线和画纸,或者是餐巾纸等纸张进行的一种比较新颖的绘画方式。通过将画纸对折后打开,得到折痕,用毛线蘸取颜料,在画纸上随意摆出形状,留一截线条在纸外,最后将画纸沿折痕折叠并覆盖住线条,轻压,再将线条拉出(可以是任意方向的)。通过这种新颖的绘画方式让幼儿体会和感受艺术的魅力。

一、创作示范

1. 材料

卡纸、清水、水彩颜料、毛线。

2. 步骤

　　① 挑选喜欢的颜色,这幅选用蓝色、橙色和绿色,调制好这三种颜色的水彩颜料。

　　② 用毛线确定大致位置,再将毛线均匀地蘸上调好的颜料,一个颜色一条毛线。

　　③ 将蘸取过颜料的毛线在画纸上摆出原先预定的大致形状,留一截线条在纸外,将画纸沿毛线的边缘位置折叠并覆盖住线条,轻压,最后将线条拉出。

二、教学图例

拉直绳子便可以印出长长的直线，绳子上的纹理使得画面趣味十足，这就是线画的乐趣所在。

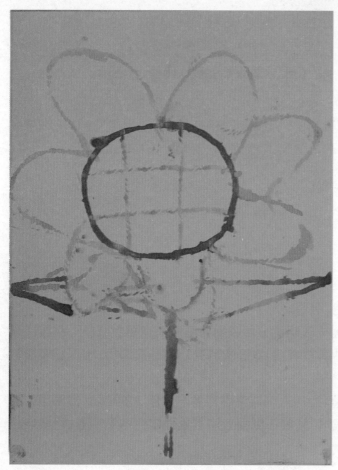

通过拉直或弯曲绳子，便可以在纸上留下直线或曲线的组合图案，简简单单一朵向日葵就跃然纸上了。

第七节 吹 画

　　吹画可分为两种,一种是较传统以及被广泛运用的吹画,是利用添加了水的颜料的流动性而进行创作的一种绘画方式。首先调制好液体状的颜料,把颜料滴在或泼在画纸上,然后用嘴或吸管等其他工具吹动颜料,使之产生流动,变化出造型奇特的画面。另一种较为新颖的吹画则是通过在颜料中加入洗洁精等产品,用吸管蘸取后,吹出不同大小的泡泡,使泡泡在画面上爆开后形成的作品。无论哪种吹画都可以产生意想不到的效果,这也使得许多人喜爱吹画。

一、创作示范

1. 材料

卡纸、水彩颜料、清水、吸管、洗洁精。

2. 步骤

　　① 先准备好棕色、红色、黄色的颜料和画笔、吸管。

　　② 先画树干部分,调好稀稀的棕色颜料,树干较粗部分可以用画笔淡淡地画上,树干、树枝部分用吸管蘸少许颜料吹在上面或用嘴对滴洒的颜料斜吹,颜料按吹气的方向分叉滑行,出现细枝般的造型。

　　③ 调制稀稀的红色和黄色颜料,在水性颜料上加入洗洁精等容易产生泡沫的物质,然后用吸管蘸少许颜料,靠近纸面一厘米左右,向纸面上吹气,就会在纸面上留下里面中空的气泡球,可按自己的需要吹圆。

二、教学图例

　　这幅吹画没有在颜料中加入洗洁精，只是纯粹地运用吸管制造出画面感，通过吹时的收放制造出了色彩斑斓的效果。

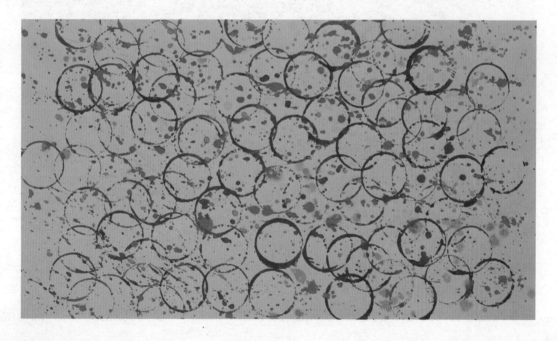

　　此幅吹画在颜料中加入了洗洁精，运用吸管吹出一个个泡泡，通过泡泡的爆裂制造出斑斓的底板和有序的圆形，不失趣味。

第八节　喷　画

喷画是一种运用牙刷制造出随意却层次丰富，具有凹凸感的画种。通过单手握住牙刷，食指位于刷毛处，牙刷的刷毛在绘图纸上方对准要喷颜色的地方，食指用力扳动刷毛制造效果。牙刷与纸的距离不同，喷出的效果就不同。每次换颜色之前，先用小毛巾把手擦干净，再在清水中以喷弹的方法清洗刷毛。

一、创作示范

1. 材料

卡纸、牙刷、水彩颜料、清水。

2. 步骤

① 挑选自己喜爱的颜色和彩色底板（这里选了多种色彩），多加些一些清水调制好颜料。

② 用牙刷蘸取调制好的颜料。

③ 单手握住牙刷，食指位于刷毛处，牙刷的刷毛在绘图纸上方对准要喷颜色的地方，食指用力扳动刷毛。

④ 多次重复并运用多种色彩，制造重叠的效果和抽象的画面。

二、教学图例

本画多次运用喷画效果,制造出起伏和相同色彩的深浅关系,使画面收放自如,富有美感。

这幅画结合了一些吹画元素,通过色彩的碰撞,制造出了一幅富有张力的抽象作品。

第九节 擦 画

擦画是一种运用纸巾在已有的基础上使画面柔和的画种。通过纸巾的擦拭,使细小的白点部分也覆盖上颜色,通常运用在彩铅画或者蜡笔画上。

一、创作示范

1. 材料

卡纸、彩铅、蜡笔、纸巾。

2. 步骤

① 运用彩铅（或蜡笔）绘制图案和画面。

② 用纸巾有序地擦拭彩铅（或蜡笔）覆盖的地方。

③ 通过调节纸巾擦拭的力度和方向制作出自己满意的效果。

二、教学图例

彩铅和纸巾的结合，使画面极具细腻的质感，使家中一角温馨并富有真实感。

运用蜡笔与纸巾的结合，将毛糙的蜡笔画置于主体的后层，使主体更出彩。

第十节 综合肌理运用

综合肌理运用是利用不同的物质材料,使用不同的工具和表现技巧所创造出的一种独特的画面组织纹理,是各种形式的画的融合。

一、创作示范

1. 材料

卡纸、彩笔、颜料、水、画笔、蛋壳、吸管等绘画所需工具。

2. 步骤

① 根据自己需要准备好工具,这里选用刮笔、马克笔、蜡笔、水彩颜料。

② 先用铅笔大致定下画面的布局,在画面的下方和顶部的预设位置涂上蓝色和粉红色的蜡笔颜色。

③ 用水彩将画面的左侧图案和其他部分根据事先预设好的色彩上色,连带顶部和下方蜡笔已覆盖的位置,制造出油水分离的效果。

④ 用粉色蜡笔为左侧图案的其中一部分上色,使用刮笔制造凹凸感,最后使用马克笔勾勒出主体,使画面更凸显。

二、教学图例

通过运用彩铅、水彩、马克笔、水笔、蜡笔等多种材料并巧妙地结合各种材质的特点,使画面富有真实感,淡雅却丰富。

先是运用油水分离画出了树枝的斑驳感，再通过喷画的留白使主体显现，让细节和主体一起完美地呈现。

动手画

内容：

1. 根据想象，用蜡笔等油性工具在纸上涂鸦，再用水性颜料覆盖，发现油水分离的作品的奇妙。
2. 绘制一幅体现油水分离的作品，用蜡笔等按设计好的图形涂在纸上，使最后呈现的画完整且富有艺术感。
3. 绘制出一幅完整的纸板拓印画，在各种图案的纸板上涂上喜爱的颜色后印在一张纸上，装饰整幅画面，使画面完整，构图合理。
4. 创作一幅滴画作品，用沾有丙烯颜料的勺子，在画布上随意滴溅。
5. 创作一幅线印画作品，体现线与纸奇妙的配合所呈现的独特效果。
6. 创作一两幅吹画作品，运用两种不同的方式，能使各自不同的效果得到彰显或恰当融合。
7. 根据喜好，自选材料，自行制定主题，进行主题式的创设。

要求：

1. 能体现各种绘画方式之间的不同和特点。
2. 能掌握各种形式的绘画和各种材料，能正确、合理地表现。
3. 构图合理，注意画面的平衡以及疏密结合，作品富有创意。
4. 能明确水和油是不能融合的概念，蜡笔有油的成分，而颜料中应加水。
5. 能了解各种材料都具有很强的可塑性，不同材料的组合和运用会体现不同的效果。
6. 在进行主题式创设时能够将画面内容紧紧围绕主题。
7. 在绘画、创作过程中，注意安全使用材料，保持相对的整洁、有序。

学习目标

1. 培养对艺术的兴趣,兴趣是最好的老师,也是继续学习的动力。
2. 培养在学习过程中的主动性、积极性和创造性。
3. 切合当前素质教育中的主题性发展,在自由的空间中想象、成长。在快乐的学习氛围中,找到学习中国画的方法,为进一步学画打下坚实的基础。

第十单元

国画入门

中国画是中国传统文化的精髓,内涵深厚,清新雅致。接触和学习中国画,是了解中国传统文化的重要途径,也是传承和发扬传统文化的重要途径。中国画教学的内容,根据教学对象的年龄和理解能力,主要定为小写意花鸟鱼虫、蔬菜瓜果,穿插书法教学。

第一节 纸和工具

一、笔

笔有大中小号之分,也有软毫硬毫之别。初学时,大笔要准备大、小提斗笔各一支。大笔最好买兼毫的。中等笔要准备一支大兰竹、一支大白云。小笔要准备一支叶筋或衣纹。新买来的毛笔要用清水发开,千万不能用热水泡。每次用完要及时涮干净,不能让残墨或色把笔毫胶住。

二、墨和砚

"一得阁墨汁"就可以了,使用方便。也可以在砚台上研墨,砚台最好是带盖的,用毕盖严。若残墨太多已变质要及时洗去。

三、纸

写意画要用吸水性较强的纸,质量好的有生宣纸,价格低廉的有毛边纸、元书纸、防风纸。工笔画要用熟宣纸或绢。

四、画毡

用生宣纸作画一落墨就会洇透,在纸下面必须垫上毛毡。画毡可以用旧毛毯、旧呢子代替。以平而有绒为好,颜色最好浅一些。当然也可以报纸代替。

五、笔洗

作画要准备洗涮笔的工具,最好用广口而光滑的。笔洗不要太小,水不要太深。太小不便清洗,水太深笔杆上残留水分流下来会影响调墨。

六、调色盘

调墨、配色,要备有三四个大一点的白色盘子,最好不要用有花纹的盘子,用后要及时涮干净。

七、笔垫

废宣纸、废画可放在画案旁,作为吸水和试墨用。笔上多余水分可用笔垫吸一下,便于掌握水分多少。作画时手边还要有一块生宣纸,下笔水分过多,也可用它及时按压一下。

八、颜色

初学者可买一盒 12 色的中国画颜料。

第二节 写意画

一、蜻蜓

① 用侧峰笔点淡墨先画四肢,笔要略干,不可太实,画出薄而透明的感觉。

② 头、胸、腹可用红、黑、青去点,再用重一点的同类色点其胸、腹节纹,用衣文笔勾六足。

二、白菜

① 淡墨两笔一个桩。

② 左右两笔三个帮。

③ 淡墨调部分重墨,大笔侧锋从上至下,从左右两侧画出菜叶。

④ 侧锋笔画白菜根,用重墨勾叶脉。

三、鱼

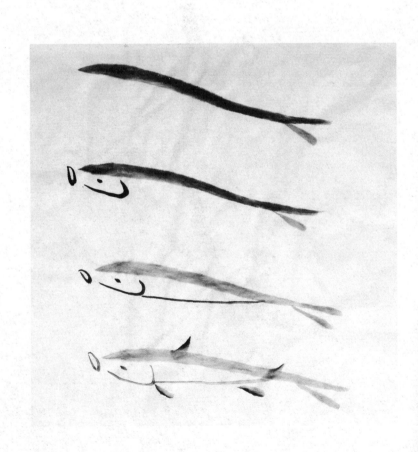

① 淡墨画出鱼身鱼尾。

② 笔尖勾出鱼眼鱼嘴。

③ 弧线轻描鱼线鱼尾。

④ 点上黑眼黑鳍。

四、虾

① 先调淡墨,再蘸中墨,拖笔画虾头。

② 顺势侧锋画上护片虾头,共三笔。

③ 侧锋画身上的节,从头画到尾部。

④ 点尾片,勾尾刺。

⑤ 中墨画胸足。

⑥ 淡墨点画腹足,勾侧触须、前触须、短须。

⑦ 中墨画螯钳,重墨点睛。

五、鸟

① 淡墨点头，上圆下尖。

② 翅膀侧峰向下扫，画出胸腹。

③ 细心点出嘴和眼。

六、螃蟹

① 调好淡墨，笔尖蘸部分重墨，侧锋三笔相重画蟹壳。

② 一笔三折画蟹腿，要画得连贯，螃蟹腿要画得修长，有韵律。

③ 侧锋用笔画蟹螯，螯尖用中锋勾画。

七、金鱼

① 侧锋画出身体。

② 两只大圆眼，身体三角形。

③ 浓墨点眼鳍，侧峰画鱼尾。

八、小鸡

① 一笔点出头部,用中等大小的笔(如:大兰竹、大白云)调中等墨色,笔尖上略浓,侧锋点出。

② 在脖颈处向后点出双翅,成"八字形",画臀部由后向前画小"八"字。墨色要润泽些,背部空白不宜过大。

③ 画胸部用淡墨从喉部顺胸往后画,画腹部由臀部向前补一笔,画大腿用浓墨由腹部斜向后画一笔。

④ 画小鸡的小腿用小笔(小白云或叶筋笔)蘸焦墨,向斜前方画小腿,用笔由细到粗。画爪四趾,中趾较长,内外趾较短,后趾最短,以顺手方向为好,爪尖宜平。用焦墨画嘴(短而宽)眼和小飞羽,最后用浓墨朱砂点小鸡冠子,一只小鸡就完成了。

九、小松鼠

① 以赭石加少许墨为本色,用笔尖点墨,先一笔画出头形。

② 再点墨画双耳、前腿、背部、后腿。用笔略慢,使颜色渗化,以表现毛茸茸之感觉。之后画前后脚。

③ 将笔锋压成扁平状画尾巴,用笔注意要轻快,尾巴是表现松鼠精神所在之处,要画得轻松生动,切忌生硬呆板。

④ 最后焦墨点眼睛、撇须,撇须用笔要轻、挺。

十、教学图例

　　此图构图饱满，枇杷与绿叶相辉映，旁边两只嬉戏的鸟更增添了一丝趣味性。

　　此画用淡墨晕开，构成荷叶，荷花隐于荷叶之中。浓墨勾出茎叶，两只鸟儿停在茎叶上，整幅画更显灵动。

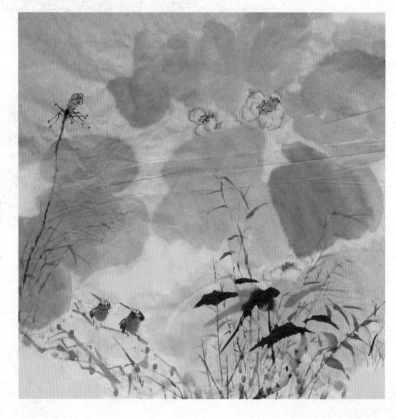

动手画

内容：

1. 明确国画所用纸、笔、砚等工具的概念，通过简单线条描绘，练习握笔技巧和力度方向的控制。

2. 了解墨和中国画颜料的性能，学会简单的调色调墨。 绘制一些简单的有意思的小动物，如：虫、草、鱼、虾等，进行小幅练习。

3. 综合运用一系列道具，自主绘制有主题的中幅画，线条简明，构图清晰明朗。

要求：

1. 培养对中国画的兴趣，充分了解笔墨纸砚的特性，掌握正确的用笔姿势、作画姿势，了解不同运笔在宣纸上的不同效果。

2. 在画的过程中接触到文房四宝，能够熟练地掌握并加以应用，为今后的学习打下坚实的基础。

学习目标

1. 了解美术字知识,熟悉汉字的结构、笔画与书写方法。
2. 了解并学习黑体美术字的书写技法,进行书写练习。
3. 能够熟练掌握并运用美术字的写法与用法,运用想象力创造美术字。
4. 从设计和创意美术字的过程中,发展形象思维,充分体会美术与自己的学习、生活息息相关。学习用美术语言表达思想,提高审美文化素养。

第十一单元

趣味美术字入门

美术字是幼儿教师必要的技能，无论是教室环境创设还是教学都需要用美术字进行相关辅助。适当运用美术字搭配图片绘画可以让环境创设增加更多的美感。另外美术字应用广泛，是宣传活动的主要工具。

第一节　标准立体美术字

标准立体美术字的学习是将来学习其他变形字体美术字的基础。字体结构包括以下几种。

一、上紧下松

在美术字上随处可见视觉效果上的错觉，明明是笔划粗细一致的字体，在视觉效果上看来就会觉得头重脚轻，不协调。这是由于人们的视觉中心往往会比物体的绝对中心偏上一点。因此，为了避免这一点，达到视觉平衡，我们强调"上紧下松"的原则，即字体上半部分笔划的间距要较窄，下半部分的笔划间距要较宽。以"王"字为例，中间的一横就要在绝对中心偏上一点。

二、横轻直重

这一原则主要表现在笔划上，即横向的笔划较细，纵向的笔划较粗。常用的美术字笔划有横、竖、撇、点、竖心旁、单人旁等等。如果横向的笔划和纵向的笔划一样粗细，将会造成视觉上的不平衡，显得粗笨难看。

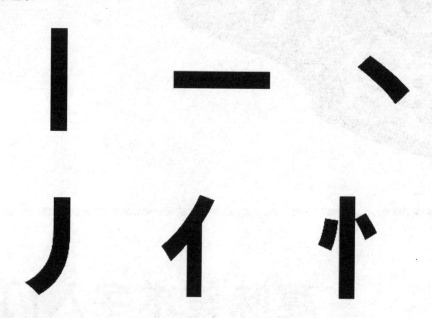

三、主副笔划

在一个字的所有笔划中，我们把其中起支撑作用的叫主笔划，不起支撑作用的叫副笔划。以

"园"字为例,外框就是该字体的主笔划,里面的"元"就是副笔划。我们要分清主副笔划,并且做到主笔划较粗,副笔划较细,以达到视觉平衡。其中,主笔划的变化较少,副笔划的变化则相对较灵活。如果是笔划较少的字形,如"义"、"必"、"又"等,初学者在写标准立体美术字时可以不遵从一般的笔划顺序,而是先写主笔划,后写副笔划,以确保字体整体结构上的平衡效果。

四、穿插呼应

汉字博大精深,不同字形的部首组织结构都是不同的,大致可以分为几类。

① 以"梵"为例,涉及上下部分比例大小的关系。为了达到视觉平衡的效果,应当将字形上半部分的比例相对减小些,符合上紧下松的原则。

② 以"章"为例,涉及上中下三部分比例大小的关系。为了达到视觉平衡的效果,字形下部分的比例较松。

③ 以"北"为例,涉及左右两部分比例大小的关系。为了达到视觉平衡的效果,结合字体特征,左右两部分应分别加大或缩小。

④ 以"例"为例，涉及左中右三部分比例大小的关系。为了达到视觉平衡的效果，应当将这三部分都设计得偏小些，间距适中，相互呼应。

⑤ 以"回"为例，涉及里外两部分比例大小的关系。为了达到视觉平衡的效果，注意里面部分要被外面部分包围，所以要适当调整。

⑥ 以"少"为例，涉及上下比例大小的关系。为了达到视觉平衡的效果，应当将两部分的比例参差穿插，有大有小，呼应协调。

五、粗细调整

① 少笔粗，多笔细，即笔划少的字要适当加粗笔划，笔划多的字要适当改细笔划，以达到整体上的视觉平衡效果。

② 疏粗密细，即字形间距稀疏的，要适当加粗笔划。字形间距紧密的，要适当改细笔划，以达到整体上的视觉平衡效果。

③ 笔划交叉处要细。以"又"字为例，如果笔划全都一样粗细，交叉点会在视觉效果上变得格外粗笨、不协调。因此要在确保文字结构清晰的基础上，改细笔划交叉处，以达到视觉平衡。主笔粗，副笔细；外档粗，里档细。即主笔划较粗，副笔划较细。同时外部笔划较粗，内部笔划较细，以达到视觉平衡。

③ 多笔划的字按整体比例调细,保证字体结构完整清楚。

六、重心调整

初学者绘写美术字往往会像婴儿学步那样,找不到字形的重心。如果处理不当,就会产生左倾右倒,忽高忽低的现象。因此横排成一排的文字重心高低要在原则上保持一致,以达到视觉平衡。

我爱上
幼儿园

第二节　综艺体

综艺体是在黑体基础上的变体字,上小下大、上窄下宽,横竖粗细一致。

一、横不平,竖不直

以竖弯钩这一笔划为例,弯处也要宽度一致,尽量一笔到位,头尾中端粗细一致。以圆笔划为例,要分成四部分方向,保证宽度一致,笔触圆润。以画方框为例,要笔划上下左右重叠,不能有突出或缺陷。初学者注意事先在草稿纸上试练握笔手感。根据不同字形掌握适当笔划倾斜度,以保证字形整体平衡,保证字的可读性。

二、字形成倒梯形分布

① 上大下小。
② 写竖向的笔划重心偏右。
③ 写横向的笔划左高右低。
④ 对笔划进行变化(副笔划变形)。

第三节　圆弧字和半圆弧字

　　圆弧字就是把综艺体字当中带"口"或方框的字根进行变形,画成圆形的笔划,其他部分还是基本的综艺体字结构。

　　半圆弧字就是把综艺体字当中带"口"或方框的字根进行变形,画成半圆形的笔划,其他部分还是基本的综艺体字结构。

第四节　趣味美术字创设

　　趣味美术字的特点是形象、美观、生动、有趣。所以在创设趣味美术字时应该注意美观问题,并且根据视觉美观的需要进行字体的排列、大小变化、形状变化等等。另外,要特别注意字体不能太过呆板僵硬,颜色更不能单调无趣。

一、字体趣味创设

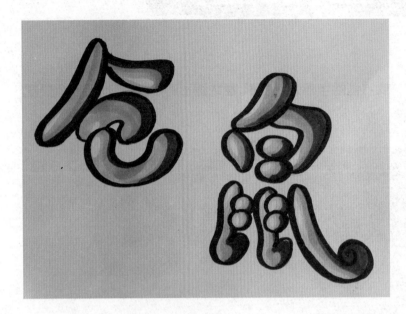

以图片中的"仓鼠"二字为例，首先写出仓鼠二字，其次将字体扩大成胖胖体的形式，显得更加可爱。注意笔画的叠加顺序，根据美观需要进行原笔画的更改。在颜色的选取上应该选用明亮的色彩，避免使用暗沉的色彩。增加阴影、高光可以使字体更加有立体感。

二、字与图表现技法

将图片与美术字相结合，可以使作品更加美观，并且将美术字所要表达的主题进行强调化，以达到锦上添花的效果。

对图中的仓鼠二字进行图片搭配，绘制可爱的仓鼠与仓鼠最喜爱的瓜子，以此映衬主题。同时用红色勾勒出字体轮廓，与绿色的字体进行互补色的对比，将文字与图片分离，从而不隐没字体。在仓鼠脸上添加可爱的表情，表达作品的趣味性。

注意：

① 避免颜色过于暗沉或者色彩太过杂乱。

② 绘制时要注意形象、生动、美观。

③ 文字与图片应保持统一性，使之成为一个整体。

三、教学图例

这幅画很好地利用色彩深浅关系在字形内部进行了勾边处理,突出了字形。同时,字体与图形相结合,更强调了美术字的含义,增加了观赏性。

这幅画是典型的胖胖体式美术字,圆润的字体加上色彩深浅渐变的效果,最后还有图形与字体的结合。整体画面很饱满,趣味十足。

动手画

内容：

1. 标准黑体、综艺体、圆弧字、半圆弧字的基础练习六十字，以此熟悉汉字规律与结构，为今后的趣味美术字创作打基础。

2. 运用马克笔绘制趣味美术字。

3. 运用马克笔、彩铅等进行美术字设计，与图片进行随机的主题搭配绘制。

4. 使用各种材料，以剪贴的形式运用趣味美术字进行幼儿园节日主题或者展示板、照片墙等的制作。

要求：

1. 练习黑体字、综艺体、圆弧字与半圆弧字时注意字体的一致性与整张画面的整体美观，字与字之间间隔一致，字体饱满。

2. 创设趣味美术字时应设计美观、富有层次和立体感，同时注意色彩的搭配。

3. 创设图文趣味美术字时应围绕主题进行合理的图字搭配，体现并能够强调主题内容，能用美术技法表达思想。